天下文化
BELIEVE IN READING

科學天地180A

NUMBERS DON'T LIE

數字裡的真相

71 | 最透澈的
個 | 世界觀察

71 THINGS
YOU NEED TO KNOW
ABOUT THE WORLD

瓦茲拉夫．史密爾 ——— 著
Vaclav Smil

畢馨云 ——— 譯

NUMBERS DON'T LIE
數字裡的真相
71 個 | 最透徹的 世界觀察

71 THINGS
YOU NEED TO KNOW
ABOUT THE WORLD

CONTENTS 目 錄

前言 7

人
世界居民

生育減少了會產生什麼結果？. 14

需要生活品質的最佳指標嗎？試試嬰兒死亡率 19

最佳投資報酬：疫苗接種 23

疾病全球大流行期間的疫情為何難以預測？. 26

愈長愈高 30

預期壽命最後會到頂嗎？. 34

流汗如何提升狩獵表現 38

修築大金字塔需要多少人？. 41

為什麼失業數字反映不了全貌 45

讓人快樂的因素是什麼？. 48

巨型都市興起 53

國
全球化時代裡的國家

第一次世界大戰的延長災難 60

美國真的很獨特嗎？ 64

為什麼歐洲應該洋洋自得 68

英國脫歐：最重要的現實問題不會改變 71

對日本未來的憂慮 75

中國能發展到什麼地步？ 79

印度 vs. 中國 82

為什麼製造業仍然很重要 87

俄羅斯與美國：有些事永遠不會改變 91

衰亡的帝國：太陽底下沒有新鮮事 95

機器、設計、裝置
打造出現代世界的發明

1880 年代如何創造出我們的現代世界 102

電動馬達如何驅動現代文明 106

變壓器——默默工作、受到埋沒的被動元件 110

為什麼現在還不要放棄柴油 113

動態攝影——從駿馬到電子 117

從留聲機到串流 121

發明積體電路 125

摩爾的詛咒：為什麼技術進步比你想的還花時間 129

資料量增加：太多太快 132

在創新這件事上要務實一點 136

燃料與電
為我們的社會供給能源

為什麼燃氣渦輪機是最佳選擇 140

核電——未兌現的承諾 144

為什麼風力發電需要化石燃料 148

風力發電機可以做到多大？ 151

太陽光電緩慢增長 154

為什麼陽光仍是最好的 158

為什麼需要更大的電池 161

為什麼電動貨櫃船是艱辛的航程 165

實際的發電成本 169

能源過渡時期步調必然緩慢 172

運輸
我們如何行遍天下

縮短橫渡大西洋的旅程 176

引擎比腳踏車更古老！. 180

充氣輪胎的驚奇故事. 184

汽車時代從什麼時候開始？. 188

現代車輛的重量運載量比很嚇人 192

為什麼電動車（還）沒有我們想的那麼美好 196

噴射機時代從什麼時候開始？. 199

為什麼煤油影響廣泛. 203

搭飛機有多安全？. 207

飛機、火車和汽車，哪個最節能？. 211

糧食
讓我們自己充滿活力

沒有合成氨的世界. 216

大幅增加的小麥產量. 220

不可原諒的全球糧食浪費量 224

地中海飲食漸趨式微. 228

黑鮪魚快要滅絕了 231

為什麼雞肉居冠 234

喝葡萄酒與否 238

理性吃肉 242

日本人的飲食 246

乳製品——反趨勢. 250

環境
破壞與保護我們的世界

動物與人工製品，哪個比較具多樣性？............256

母牛的星球....................260

大象之死 263

為什麼現在談人類世可能言之過早..............267

混凝土知多少....................270

車子或手機，哪個對環境比較有害？..........274

誰的隔熱效能比較好？................278

三層玻璃窗：透明的能源解決方案..........281

提升家用暖氣設備的效率..............284

遇到麻煩的碳....................288

附錄

後記....................294

致謝....................295

延伸閱讀....................298

原文篇名與刊載時間................315

前言

　　《數字裡的真相》是一本兼容並蓄的書，涵蓋的主題從人、人口、國家，到能源消耗、技術創新，以及定義了現代文明的機器與裝置。另外在最後兩個部分，我會根據事實提出一些對於糧食供給與飲食選擇，及環境現狀和惡化的看法。這些議題都十分重要，從 1970 年代以來，我就在自己的書裡持續追蹤。

　　本書的首要目的是弄清楚事實，但這件事並沒有看起來那麼容易。雖然全球資訊網有非常多的數字，可是當中有太多是東傳西傳留下來的，來歷不明又沒有註明日期，通常還帶有可疑的單位標識。

　　舉例來說，法國 2010 年的國內生產毛額（GDP）是 2.6 兆美元：這個數值的計算方式是按當期價格還是固定價格？歐元兌換美元是採用現行匯率還是購買力平價（PPP）？還有，又要如何得知？

　　相較之下，這本書裡幾乎所有的數字，都來自四種主要來源：全球組織公布的世界統計數據[*]、各國機構發行的年鑑[†]、政府機關編製的歷史統計數據[‡]、科學期刊論文[§]。有一小部分的數字來自科學專論、以報告可信度著稱的大型諮詢機構所做的最新研究，或來自蓋洛普、皮尤研究中心（Pew Research Center）等成立已久的機構進行的民意調查。

為了弄清楚世界上實際發生的事，接下來我們必須把數據放在適當的歷史脈絡與國際脈絡之下。比如從歷史脈絡開始說起，能源的科學單位是焦耳（joule），現今富裕經濟體每人每年的平均初級能源消耗量大約是 1,500 億焦耳（即 150 GJ，1 GJ = 十億焦耳，對照一下，一噸原油是 42 GJ）；至於非洲人口最多、石油與天然氣蘊藏量最豐富的國家奈及利亞，平均只消耗 350 億焦耳。

這個差距令人印象深刻，其中法國或日本的人均能源消耗量幾乎是奈及利亞的五倍，但再做一番歷史比較，可以更清楚顯現真實的差距：日本在 1958 年之前就消耗了那麼多的能源，比非洲人早了一輩子，法國甚至更早，在 1880 年平均消

[*] 從歐盟統計局（Eurostat）、國際原子能總署（IAEA），到聯合國的「世界人口展望」（World Population Prospects）報告與世界衛生組織（WHO）。
[†] 我最喜歡的是《日本統計年鑑》（Japan Statistical Yearbook）和美國農業部的國家農業統計局（National Agricultural Statistics Service），他們的詳盡程度與資料品質實在是無與倫比。
[‡] 包括堪稱典範的《美國歷史統計：殖民時代到 1970 年》（Historical Statistics of the United States, Colonial Times to 1970）、《日本歷史統計》（Historical Statistics of Japan）等等。
[§] 從《生物老年學》（Biogerontology）到《國際生命週期評析期刊》（International Journal of Life Cycle Assessment）。

耗量就已經達 350 億焦耳，奈及利亞等於晚了法國兩輩子的時間才有能源可用。

當代跨國對照的結果一樣這麼鮮明。把美國嬰兒死亡率與撒哈拉以南非洲地區（sub-Saharan Africa）的嬰兒死亡率比較一下，就會看到一個很大卻是預料中的差距。若考慮到美國人口非常多元，加上來自低度發達國家的移民占比很高，嬰兒死亡率最低的前十大國家沒有美國，就沒那麼奇怪了。只是很少有人會猜到，美國甚至連前三十名都排不上！[1]

看到這種讓人跌破眼鏡的結果，大家必然想問為什麼會這樣，而這個疑問也打開了一個需要考量社會與經濟因素的世界。不管是個別的數字還是複雜統計數據的一部分，想要真正的理解許多數字的話，就得結合基本的科學素養與計算能力。

長度（距離）是最容易內化的度量。大多數人對 10 公分（成人一個拳頭的寬度）、1 公尺（差不多是一個普通人站立時從地面到腰部的高度）、1 公里（在市區車流裡開一分鐘的車程）還算有概念。平常接觸到的速率（距離／時間）也很容易：輕快的步行是 6 公里／小時，來往於城市間的快速列車有 300 公里／小時，由強勁噴射氣流推動的噴射客機可達 1,000 公里／小時。

質量就比較難「感受」：剛出生的嬰兒通常不到 5 公斤，一頭小鹿不到 50 公斤，某些戰車不到 50 噸，一架空中巴士

---

[1] 2018 年，美國在 36 個經濟合作暨發展組織（OECD）會員國當中排名 33。

A380 的最大起飛重量超過 500 噸。容積可能也同樣難以體會：小輔車的油箱不到 40 公升；美國一棟小房子的室內空間通常不到 400 立方公尺。

如果不常使用這些單位，就很難理解能量與功率（焦耳和瓦特）或電流與電阻（安培和歐姆），因此相互比較會更容易理解，例如非洲與歐洲的能源消耗量差距。

貨幣帶來的難題又有所不同。大多數人可以領會收入或儲蓄的相對水準，但針對國內及國際水準的歷史比較，必須按通貨膨脹來調整，而跨國的比較還必須考慮匯率波動與不斷變動的購買力。

再來是無法用數字呈現的質性差異，在比較食物喜好和日常飲食時，這類型的考慮因素特別重要。舉例來說，麵包裡每 100 公克的碳水化合物與蛋白質含量雖然大同小異，然而美國亞特蘭大超市裡賣的麵包（塑膠袋包裝的切片鬆軟方塊），卻和法國里昂或德國司徒加特麵包店裡陳列的麵包天差地遠。

當數字愈來愈大，數量級（十倍的差距）也會比具體的數字更能反映真實情況：A380 比戰車重了一個數量級；噴射客機比高速公路上的汽車快了一個數量級；一頭鹿比嬰兒重了一個數量級。或是依照國際單位制（International System of Units）使用上標與倍數，新生兒的體重有 5×10^3 公克，也就是 5 千克；A380 的重量超過 5×10^8 公克，也就是 5 億克。世界人口很快就會突破 80 億（8×10^9），2019 年的世界經濟產出（名目上）約為 90 兆（9×10^{13}）美元，所消耗的能源超過 5 億兆（5×10^{20}）焦耳。

我們要討論非常大的數字時，像歐洲人（以法國人為首）那樣脫離科學記號，把 10^9（10 億）改說成 milliard 而不說 billion[**]，根本就無濟於事，還經常造成混淆。

好消息是，掌握當中大部分的內容比大多數人想像的還容易。有幾種練習方式：你可以每天放下手機幾分鐘（我一直沒有手機，也不覺得自己有什麼損失），開始估計周遭事物的長度與距離，然後核對一下，也許可以用拳頭（還記得嗎，大約是 10 公分）或是拿起手機後再透過 GPS 來查對。偶然碰到什麼物體，你也應該嘗試算出它的體積。多數人看到很大卻很薄的物體時，總是會低估它的體積。

還有一個很有趣的提議是，在你一邊讀億萬富翁和電商亞馬遜倉儲員工之間的最新國民所得差距，或是看各國人均 GDP 的比較時，一邊在不使用任何電子產品的情況下算出這些差距的數量級：他們的年收入相差了幾個數量級？英國比烏干達高出多少個數量級？

這些心算練習會讓你瞭解周遭的有形世界，同時強化你的腦部活動。理解數字只需要一點點投入。

我希望這本書會幫助讀者理解這個世界的真實現狀。我希望它會讓你訝異，令你讚嘆我們人類的獨一無二，讚嘆我們的創造力以及想要更深入瞭解的努力。我的目標不只是要證明數字不會說謊，還要找出數字在傳達哪個真相。

[**] 編注：歐陸國家慣用長級差制（long scales）。英國原先也採長級差制，近年已改為短級差制。

最後再指出一點，除非另有說明，書裡所有的金額都以美元為單元；另外，所有的量測值都以公制表示，但有幾個例外是必要的，如海里和美國木材所用的單位是英寸。

瓦茲拉夫・史密爾（Vaclav Smil）
2020 年於加拿大溫尼伯（Winnipeg）

人
世界居民

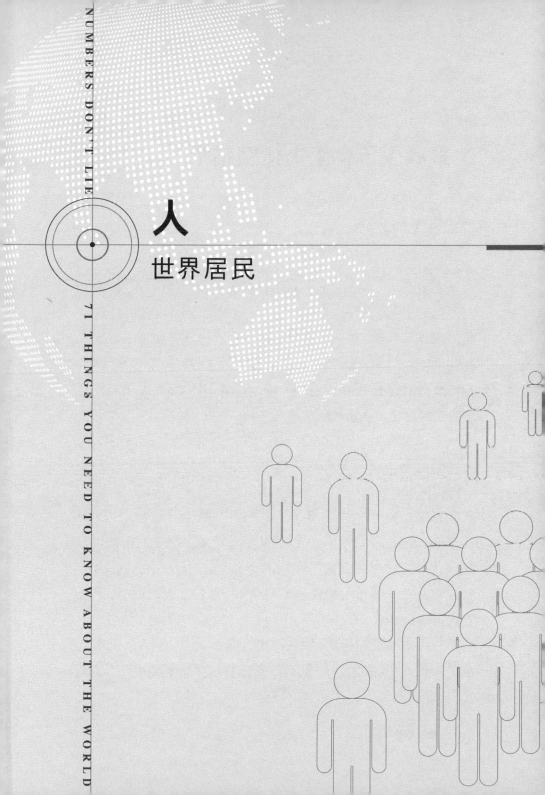

生育減少了會產生什麼結果？

　　總生育率（total fertility rate）是指每位女性一生的生育數。對於生育最明顯的身體限制條件，就是育齡期（從初經到停經）的時間長短。第一次來月經的年齡，已經自前工業時代社會的 17 歲左右，遞減到現今西方世界的 13 歲不到，而平均停經年齡稍微提前到 50 歲出頭，因此有差不多 38 年的典型育齡期，相較之下，在傳統社會中是 30 年左右。

　　在育齡期中，有 300 至 400 次排卵。由於每次懷孕期間會排除 10 次排卵，又因為傳統上持續很久的哺乳期間導致受孕機會減少，每次懷孕期就必須多扣掉 5 到 6 次排卵，所以最高生育率大約是 20 多次懷孕。把一些多胞胎算進去，總計的活產（live birth）就有可能大於 24 個，這可由歷史上記載有一些婦女生了超過 30 個孩子得到證實。

　　然而在未施行生育控制的社會中，典型的最高生育率一直比這個數字低了許多，原因是流產、死產、不孕、孕產婦死亡等。這些實際情況讓全民最高生育率下滑至 7 到 8 人；事實上，一直到十九世紀，這樣的數字在各大洲都很常見，在亞洲部分地區直到兩代之前還很常見，甚至今天在撒哈拉以南非洲地區仍然找得到：尼日的最高生育率是 7.5 人（比他們偏好的子女數低很多；去問尼日婦女想生幾個孩子時，問到的平均數是 9.1 人！）。不過就連在撒哈拉以南非洲地區，儘管總生育率仍舊很高，但大部分國家已經減少至 5 到 6 人，而在世界其他地方，現在都只能接受生育率不高不低、偏低、甚至極低的狀況。

過渡到這個新世界的過程，是從幾個不同的時代開始的，不光是不同區域的起點有所差異，就連在同區域內的國家也有差異：法國遠早於義大利，日本遠早於中國——共產黨中國最後還實行了嚴厲的措施，限制每個家庭只能生一個子女。

除此之外，生活水準逐漸提升，農事機械化，機器取代牲口與人力，大規模工業化與都市化，都市女性勞動力人數增加，教育普及，醫療照護更完善，新生兒存活率提高，以及退休金由政府擔保，種種因素加乘作用之下，往往就讓人不想多生孩子。

過去追求的是量，有時這個目標很快就轉變成追求質：高生育率的效益（在嬰兒死亡率偏高的時代確保存活下來、供給額外的勞動力、提供老年保險）開始減少，然後不復存在，子女人數較少的家庭在孩子與提升自己的生活品質上投入得更多，通常會先追求更好的營養（更多肉類和新鮮水果、更常上餐廳吃飯），最後是休旅車和出國度假。

就像社會與技術方面的過渡期，開路先鋒費了很長一段時間才完成改變，而一些落在後頭的國家卻利用兩個世代的時間

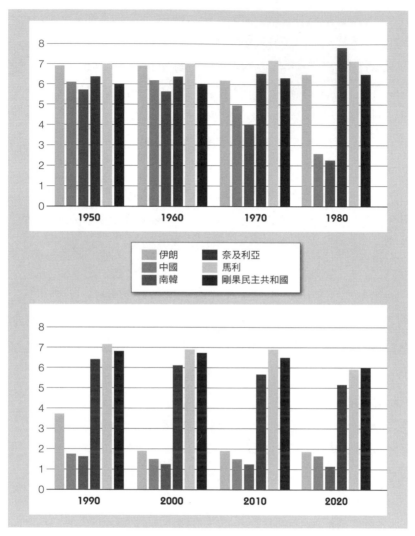

圖 1 和生育率維持穩定的非洲相比，亞洲的生育率正迅速降低

就移轉完成。從高生育率轉移到低生育率的過程，在丹麥大約花了兩個世紀，在瑞典大約用了一百七十年，相較之下，南韓的總生育率短短三十年就從高於 6 人降到替代水準（replacement level），中國在還沒實施一胎化政策之前，生育率就從 1962 年的 6.4 人大幅下滑到 1980 年的 2.6 人。然而，令人難以想像的紀錄保持者是伊朗，1979 年伊朗國王被推翻，流亡在外的何梅尼（Ayatollah Khomeini）返國建立神權政體時，伊朗的平均生育率是 6.5 人，但到 2000 年已經降至替代水準，而且持續下滑。

讓人口結構維持穩定的生育率稱為替代水準，這個數字大約是 2.1 人，額外的小數部分是用來遞補無法活過生育年齡的女孩。* 沒有哪個國家在生育率減到替代水準時，能夠讓下降趨勢停下來且達到定常人口（stationary population）。有愈來愈高比例的人，生活在生育率低於替代水準的社會中。1950 年，有 40% 的人生活在生育率高於 6 人的國家，而平均生育率大約是 5 人；到 2000 年，只有 5% 的全球人口居住在生育率超出 6 人的國家，且平均生育率 2.6 人接近替代水準。到 2050 年，預計會有將近四分之三的人居住在生育率低於替代水準的國家。

生育率的改變幾乎是全球性的，在人口、經濟、戰略方面已經產生了極大的影響。歐洲的重要性已經削弱（歐陸的人口在 1900 年大約占世界人口的 18%，在 2020 年只占 9.5%），

---

*　編注：在死亡率高的國家中，替代水準會再高一點，約 2.5 到 3.3。

亞洲卻提升了（在 2020 年占世界總人口的 60%），但就區域的高生育率來看，從 2020 到 2070 這五十年間，保證全球會有將近 75% 的嬰兒在非洲出生。

那些生育率已跌破替代水準的國家，未來會怎麼樣呢？如果全國生育率保持在替代水準附近（不低於 1.7 人；法國與瑞典在 2019 年是 1.8 人），未來就很有可能回升。一旦跌破 1.5 人，這樣的逆轉機會就顯得愈來愈渺茫了：在 2019 年，西班牙、義大利、羅馬尼亞達到 1.3 人的歷史新低，而日本、烏克蘭、希臘、克羅埃西亞是 1.4 人。[†] 人口遞減及隨之而來的社會、經濟和戰略影響，似乎是日本與許多歐洲國家的未來景況。到目前為止，還沒有任何鼓勵生育的政府政策產生較大的逆轉，而防止人口減少的唯一明顯選擇，就是打開移民大門，但這似乎不太可能發生。

[†] 編注：依據國家發展委員會人口推估查詢系統，台灣 2019 年為 1.1 人，2025 年預估為 1.0 人。

需要生活品質的最佳指標嗎？
試試嬰兒死亡率

　　隨時準備把一切簡化為金錢的經濟學家，在尋找最能揭露生活品質的判斷標準時，喜歡仰賴人均國內生產毛額（gross domestic product，簡稱 GDP）或可支配所得，這兩者顯然都是靠不住的。在比較需要維持治安、安全措施投資較多、醫院較常收治病人的社會中，GDP 會增加，平均可支配所得不會告訴我們貧富差距的程度，或弱勢家庭可取得多少社會保障機制。

　　即使如此，這些判斷標準還是產生很好的整體國家排名。不會有太多人寧願居住在伊拉克（2018 年的名目 GDP 為 6,000 美元），而不願住在丹麥（2018 年的名目 GDP 為 60,000 美元）。此外，丹麥的平均生活品質毫無疑問高於羅馬尼亞：兩國都是歐盟成員國，但丹麥的可支配所得高出 75%。

　　從 1990 年以來，最常用的替代指標一直是人類發展指數（Human Development Index，簡稱 HDI），這是為了提供更好的準繩而建構的多變數衡量標準。HDI 把平均壽命與教育成就（學校教育的平均與期望年數）和人均國民所得毛額（gross national income per capita）結合在一起，但毫不意外的，HDI 和人均 GDP 平均值密切相關，這也讓人均 GDP 平均值成為很不錯的生活品質衡量標準，和更詳盡的指標差不多一樣好。

若要選擇迅速比較出生活品質的單變數指標，我會選嬰兒死亡率：每一千個活產嬰兒當中在出生第一年內的死亡數。

嬰兒死亡率是非常有力的指標，因為若要達成低死亡率，界定良好生活品質的幾個重要條件就必須共同發揮作用，如一般的良好醫療照護，及產前、周產期、新生兒等特殊情況下的妥善照護；適量的母嬰營養；合格衛生的居住條件；弱勢家庭可得到的社會支持——而這些重要條件也取決於政府與私人的

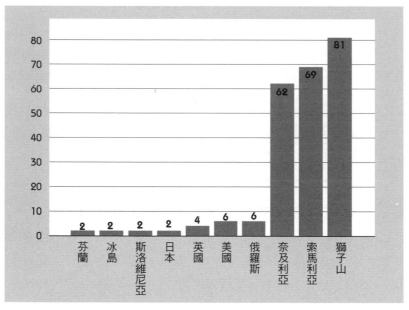

圖 2　嬰兒死亡率：每年每千個活產嬰兒當中的死亡數（2015–2020 年）

相關支出，以及可供利用與取得的基礎建設和收益。因此在生命期最關鍵的第一年中，單獨一個變數就可以描繪出幾乎所有的生存先決條件。

前工業時代各個社會的嬰兒死亡率都極高，甚至到了1850年，西歐各國與美國的嬰兒死亡率都還有千分之200到300那麼高；也就是說，出生後365天內每五到三個嬰孩就有一人沒活下來。到1950年，西方國家的平均死亡率已降至千分之35到65（通常每二十個新生兒有一個在第一年內死亡），如今在富裕國家，最低死亡率在千分之5以下（每兩百個嬰兒當中有一個活不到一歲生日）。

把安道爾（Andorra）、安圭拉（Anguilla）、摩納哥和聖馬利諾（San Marino）這些蕞爾小國剔除之後，嬰兒死亡率在千分之5以下的組別包括了35國，從日本（千分之2）到塞爾維亞（略低於千分之5），而我們從當中領先的國家可以看出，為什麼在沒有參考更廣泛人口狀態的情況下，這個指標不能用於過分簡化的排名。

嬰兒死亡率最低的國家多半是小國（人口不到1,000萬，而且通常少於500萬），這些國家包括了世界上種族同質性最高的社會（亞洲的日本與南韓，歐洲的冰島、芬蘭與挪威），而且其中大部分國家的出生率也很低。在種族混雜、有很高比例的移民來自較不富裕國家的大型社會中，以及在出生率較高的國家，要達到並維持很低的嬰兒死亡率顯然更具挑戰性。就拿冰島與加拿大來說吧，加拿大的人口是冰島的一百多倍，且每年接納的新移民人數（來自許多國家，多半是低所得的亞洲國家），跟居住在冰島的總人數差不多，因此冰島的嬰兒死亡率（千分之 3）很難複製到加拿大（千分之 5）。同樣的現實情況也對美國造成影響，不過，美國相對來說較高的嬰兒死亡率（千分之 6），毫無疑問是受到較嚴重貧富差距的影響（加拿大的嬰兒死亡率也受了同樣的影響，只是程度較小）。

　　就這層意義上來說，嬰兒死亡率是比平均所得或人類發展指數更有識別力的生活品質指標，但仍然需要限制條件——沒有哪個單一指標是判定一國生活品質的圓滿替代品。可以確定的是，在撒哈拉以南非洲地區的十幾個國家，嬰兒死亡率居高不下。這些國家的嬰兒死亡率（高於千分之 60）相當於西歐在大約一百年前的嬰兒死亡率，為了趕上富裕的經濟體，他們就必須縮小這麼長的一段時間裡造成的發展落差。

最佳投資報酬：疫苗接種

在現代世界裡，因傳染病造成嬰兒與兒童死亡，可能仍舊是最令人痛苦的際遇，也是最有機會預防的死因之一。有幾個方法可以把這種夭折減到最低，我無法說當中哪一個重要，它們是：乾淨的飲水、足夠的營養、疾病的預防、良好的衛生環境，這些都是必要措施。不過如果用效益成本比率（benefit-cost ratio，簡稱益本比）來評斷，那麼疫苗接種絕對是贏家。

現代的疫苗接種可追溯到十八世紀，當時詹納（Edward Jenner）採用這種方法對抗天花。至於對抗霍亂和鼠疫的疫苗，是在第一次世界大戰前研發出來的，預防結核病、破傷風、白喉的其他疫苗則是二次大戰前發展出來的。戰後取得的重大進展，則包括預防百日咳與小兒麻痺症的例行疫苗接種。

如今世界各地的實務規範，是給孩童施打五合一疫苗，這種疫苗可同時預防白喉、破傷風、百日咳、小兒麻痺症，以及由 B 型流感嗜血桿菌（*Haemophilus influenzae* type B）引起的三種感染：腦膜炎、耳炎、肺炎。第一劑要在出生後六週接種；其他兩劑分別在十週和十四週。每支五合一疫苗花費不到一美元，每多一個孩子接種疫苗，就會降低未接種的同齡孩子受感染的機會。

儘管難以量化，但面對這些事實，大家一直很清楚疫苗接種的益本比非常高。不過，幸虧 2016 年有一項由比爾暨梅琳達蓋茲基金會（Bill&Melinda Gates Foundation）出資，而由美國巴爾的摩、波士頓、西雅圖等地的醫療照護專業人士所做的研究，我們終於得以衡量疫苗接種的成果。這項研究的重點放在本世紀第二個十年（即「疫苗十年」）間，在將近一百個低所得與中所得國家，與預計疫苗接種覆蓋率有關的投資報酬。

益本比會根據疫苗本身和疫苗供應運送鏈的成本，以及可避免的發病與死亡成本估計值而變動。在疫苗接種上每投資一美元，預計就會節省十六美元的醫療照護成本，以及因生病與死亡而造成的工資損失和生產力損失。

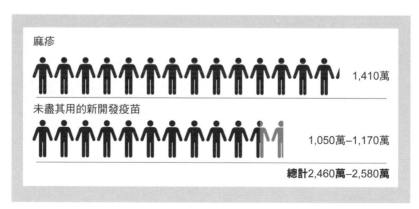

圖 3　透過疫苗接種避免的未來死亡數（2011-2020 年）

如果分析時不只看生病的成本，而是去思考更廣泛的經濟效益，就會發現淨益本比大於 2 倍——高達 44 倍，不確定度範圍落在 27 到 67 之間，其中又以避免麻疹的報酬最高，達58 倍。

蓋茲基金會透過一封寫給巴菲特（Warren Buffett）的信，公布了他們發現效益高達 44 倍的事實；巴菲特是該基金會最大的外部捐助人。想必連他也會對這麼高的投資報酬印象深刻！

但還有一段路要走。經過幾個世代的進展，如今高所得國家疫苗接種的覆蓋率基本上近乎普及，差不多達 96%，而在低所得國家已有長足進步，覆蓋率從 2000 年的僅僅 50%，上升到 2016 年的 80%。

最艱難的挑戰可能是根除傳染病的威脅，而最能說明這一點的，或許就是小兒麻痺症：全球感染率從 1985 年有大約40 萬個病例，降至 2000 年的不到 100 例，但在 2016 年，奈及利亞北部、阿富汗、巴基斯坦這些暴力衝突頻傳的地區，仍有 37 個病例。此外，正如近年伊波拉病毒、茲卡病毒、2019冠狀病毒疾病（COVID-19，俗稱新冠肺炎）病毒所顯示的，未來會有新的感染風險出現。疫苗仍是控制傳染病的最佳方式。

疾病全球大流行期間的疫情
為何難以預測？

我寫這篇的時候是在 2020 年 3 月底，剛好是 COVID-19 疫情在歐洲各地與北美呈指數升高之際。與其提供另一個估計值或預測值而讓本章瞬即過時，我決定來解釋一下，在這些緊張情勢中，老是把我們的判斷及我們對統計數據的解讀複雜化的那些變數。

病毒全球大流行之所以引發恐懼，是因為相對而言較高的死亡率，但在傳染病蔓延時，不太可能確定死亡率——甚至在疫情結束後都很難確定。最常用的流行病學方法，是計算致死風險：與病毒有關的確診死亡人數除以確診個案數的比例。

分子很顯而易見，就是載明死因的死亡證明，而且在大部分國家這個總數相當可靠，不過分母的選擇就會把許多變數帶進來。哪些「個案」要列入？只算經實驗室確認的感染、有症狀的所有個案（包括沒做檢測但出現預期症狀的人），或是包含無症狀感染者在內的總人數？

接受過檢測的個案是已知的，而且準確度很高，但感染總人數必須靠估計，譬如要靠後大流行（post-pandemic）時期的人群血清研究（找出血液中的抗體），或利用各種生長方程式模擬全球大流行的先前傳播情形，或是假設最有可能的乘數（ x 人感染，而 y 人實際死亡）。

　　針對 2009 年流感全球大流行致死率的詳盡研究，就說明了最後的不確定度範圍有多大；那次的流感是由一種帶有流感基因獨特組合的新型 H1N1 病毒引發的，從 2009 年 1 月開始在美國流行，一直持續到 2010 年 8 月。確診死亡人數永遠在分子，但放在分母的確診個案數有三種定義方式：經實驗室確認的個案、估計有症狀的個案、估計的感染人數（根據血清檢測結果或關於無症狀感染傳播的臆斷）。算出來的結果差距非常大，每 10 萬人的死亡人數少則不到 1 人，多則超過 1 萬人。

　　正如我們所預期，經實驗室確認的方法算出的風險最高，

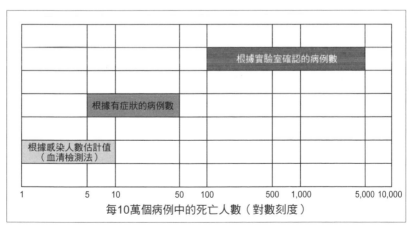

圖 4　2009 年新型流感大流行期間，每 10 萬個病例中死亡人數因分母不同而產生的差異

每 10 萬人的死亡數多半介於 100 至 5,000 之間；而用有症狀個案數當分母的方法，每 10 萬人死亡數落在 5 至 50 的範圍內；採用感染人數估計值算出的風險，是每 10 萬人只有 1 至 10 人死亡。第一種方法呈現的致死率是第三種的五百倍！

2020 年，由 SARS-CoV-2 這種冠狀病毒引起的 COVID-19 疫情擴散之際，我們也面臨同樣的不確定度。以中國官方列出的統計數字為例，截至 2020 年 3 月 30 日，處於疫情爆發點的武漢，確診病例有 50,006 例，死亡病例有 2,547 例，且最嚴峻的時期似乎已經過去。這些不可靠的總數未經獨立證實：中國在 4 月 17 日把死亡人數上修 50%，變成 3,869 例，但確診病例總數只增加了 325 例。

在第一個例子中，致死率是 5%；在第二個例子中則是 7.7%——而我們非常有可能永遠不會知道實際數字。再者，分母只包含檢測過或檢測出有症狀的病例：武漢是人口 1,110 萬的大城市，5 萬例就代表感染的居民不到 0.5%，這和每年流感的感染人數比例相比，低得教人難以置信。

在不知道感染總人數的情況下，我們也許可以改採人口統計學的死亡率研究方法，藉此獲得更深入的瞭解，這套方法是以每千人死於特定原因的人數來表示死亡率，並拿每年死於流感的人數當作比較基準。假定武漢 2020 年 COVID-19 疫情最嚴峻的時期已經過去，而且官方數字反映了實際情況，那麼死亡人數大約 3,900 例就等於在說，COVID-19 的死亡率是 0.35/1000。

據美國疾病管制暨預防中心（CDC）估計，對於 2019 至 2020 年季節流感，美國約 3.3 億的人口當中將有 3,800 萬至 5,400 萬人感染，這表示會有至少 2.3 萬人，多達 5.9 萬人死於流感。若取平均值，也就是 4,600 萬人感染，4.1 萬人死亡，意思是約有 14% 的美國人可能會感染，而感染者當中約有 0.09% 可能會死亡（致死率）；所有美國人的季節流感死亡率則是 0.12/1000（也就是大約每 1 萬人會有 1 人死亡），而截至 2020 年 4 月中旬在武漢的 COVID-19 死亡率是 0.35/1000。

因此武漢的 COVID-19 死亡率，大約是美國 2019 至 2020 年季節流感死亡率的三倍，這當然值得擔憂，但並不是恐慌的理由。

就像每一次全球大流行，我們非得等 COVID-19 順其自然發展，才能清楚瞭解事態的嚴重程度。到那個時候才有辦法做出確切的數字，或是只能提供最好的估計值（因為我們可能永遠不會知道各國及全球的感染總人數），然後比較一下最後產生的致死風險，而這些數字或許和 2009 年 H1N1 新型流感全球大流行的數字差不多。

這是最基本的代數課之一：你雖然知道確切的分子，但除非分母也相當確定，否則還是算不出精確的死亡率。不確定度永遠不會消失，但等你讀到這裡的時候，我們對最近這場全球疫情實際嚴重程度的瞭解，會比這段文字寫下時清楚得多。我相信你仍會繼續讀下去。

愈長愈高

關於身高的研究就和其他許多人體狀態調查一樣，源於十八世紀的法國，蒙貝雅[*]在 1759 到 1777 年間，從他的兒子出生到 18 歲生日，每六個月幫他做一次測量，然後布豐[†]在自己的名作《博物誌》（*Histoire Naturelle*）1777 年的補遺中，發表了這個男孩的測量數據表。不過，蒙貝雅的兒子在他那個時代算高的（在十幾二十歲時就和今天的普通荷蘭男性差不多高），而且一直要到 1830 年代，承蒙馬列[‡]和奎特雷[§]，我們才看到關於人的身高、兒童及青少年成長的大規模系統化數據。

從那之後，我們研究了身高的各個層面，從身高隨年齡的預期進展、身高和體重的關係，到決定身高的營養與遺傳因

[*] 編注：蒙貝雅（Philibert Guéneau de Montbeillard）是法國律師、作家、博物學家，曾參與法國《百科全書》的編纂。

[†] 編注：布豐（Comte de Buffon）是法國數學家、生物學家、作家、博物學家，獲譽為「十八世紀後半葉的博物學之父」。

[‡] 編注：馬列（Edouard Mallet）是瑞士歷史學家、法學顧問、統計學家，曾測量日內瓦入伍者的身高，並統計出平均值。

[§] 編注：奎特雷（Adolphe Quetelet）是比利時天文學家、統計學家、數學家、社會學家，建立了人體測量學，並發展出 BMI 值。

素，以及生長加速期的性別差異。因此我們非常準確的知道不同年齡階段的預期身高（與體重）。倘若有個年輕的美國媽媽帶著身高量出來是 93 公分的兩歲兒了，她就會從別人口中得知自己的兒子比 90% 的同齡孩子還要高。

對於那些關注長期發展指標以及進行跨國比較的人來說，現代系統化生長發育研究最好的成果之一，一直是有大量文獻記載的遞增平均身高紀錄史。儘管矮小（stunting，導致幼兒身高就同齡層來說太矮的發育不良）在許多貧窮國家仍然常見，但在全球所占的比例已經下降了（主要是因為中國的快速改善），從 1990 年的大約 40%，降至 2020 年的 22% 左右，而愈長愈高是二十世紀的全球趨勢。

促成這個轉變的，是健康狀況與營養變得更好，尤其是高品質動物蛋白質（牛奶、乳製品、肉和蛋）攝取得更多，而身高變得更高又和非常多的好處密切相關。雖然不會讓平均壽命普遍變長，但還是有心血管疾病風險較低、認知能力較佳、終身所得較高、社會地位較高等好處。身高和所得的相關性，最早的文獻記載出現於 1915 年，從那之後就在各群體中一再獲得佐證，從印度的煤礦工到瑞典的企業執行長都是如此。研究還顯示，資產比較多的公司，執行長的身高也比較高！

針對全體人口的長期調查結果，也同樣有意思。在前工業時代的歐洲，平均男性身高是 169 至 171 公分，而全球平均身高大約是 167 公分。從兩百個國家取得的大量人體測量學資料顯示，二十世紀成年女性的身高平均增加了 8.3 公分，而男性增加了 8.8 公分。歐洲各國與北美的居民愈長愈高，而南韓

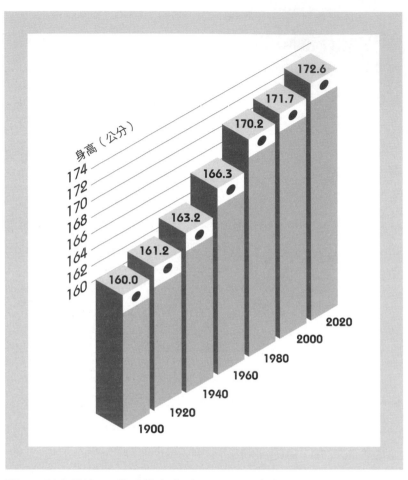

圖 5　日本男性 18 歲時的身高（1900–2020 年）

女性創下了二十世紀女性身高平均增加最多的紀錄（20.2 公分），男性增加最多的則是伊朗男性（16.5 公分）。

日本從 1900 年開始詳細記錄男女性從 5 至 24 歲，共分十二個年齡階段的資料，這些資料顯示了生長隨著營養方面的限制與改善而變化的情形：在 1900 到 1940 年之間，10 歲男孩的平均身高每年增加 0.15 公分，但戰時食物短缺，讓平均身高每年下滑 0.6 公分；平均身高在 1949 年才恢復增長趨勢，而在二十世紀後半每年平均增加 0.25 公分。

在中國也有類似的狀況，世上規模最大的饑荒（1959 至 1961 年）中斷了平均身高增長趨勢，然而在二十世紀後半，大城市裡的男性每年仍然平均增加了 1.3 公分。相較之下，二十世紀後半的測量數據顯示印度和奈及利亞有極小幅的增長，衣索比亞沒有增長，而孟加拉還略微下滑。

那麼，哪個國家的公民長得最高？男性的紀錄保持者是荷蘭、比利時、愛沙尼亞、拉脫維亞和丹麥；女性則是拉脫維亞、荷蘭、愛沙尼亞、捷克與塞爾維亞；身高最高的世代，是出生於二十世紀最後二十五年的荷蘭人，平均身高超過 182.5 公分。

牛奶一直是關鍵的生長因子，不管是在日本還是荷蘭。在第二次世界大戰前，荷蘭男性比美國男性矮，但在 1950 年之後，美國牛奶消費量減少，荷蘭的消費量卻一直提高到 1960 年代，截至目前仍比美國高。

我們可從中獲得很顯而易見的經驗：要提升孩子長高的機會，最好的辦法就是讓他們多喝牛奶。

預期壽命最後會到頂嗎？

　　谷歌（Google）的首席未來學家庫茲威爾（Ray Kurzweil）說，要是你能撐到 2029 年，醫學進展將會開始「每年讓你的預期壽命增加一年。我指的並不是你出生時所算出的預期壽命，而是從你現在年齡開始算，預期還可再活的平均年數。」

　　好奇的讀者可以算一算，這種趨勢對全球人口增長會有什麼影響，但在這裡我要限定自己簡略回顧一下存活的實際情況。

　　在 1850 年，美國、加拿大、日本與多數歐洲國家的男女混合預期壽命達 40 歲左右，在那之後，數值的增長竟然接近完美的一條直線，幾乎變成兩倍。女性在所有的社會中都活得比較久，目前最長的預期壽命是日本的 87 歲出頭。

　　從 1950 至 2000 年，富裕國家老年人的預期壽命每年增加了 34 天，有鑑於此，這個趨勢很有可能會再持續幾十年。不過，如果沒有什麼重大的發現可以改變我們老化的方式，這個愈來愈長壽的趨勢一定會減緩，最後終止。

　　日本女性預期壽命從 1990 年的 81.91 歲增加到 2017 年

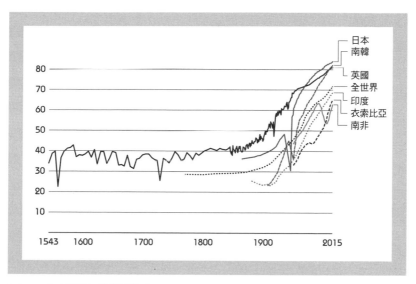

圖6　各國歷年預期壽命

的 87.26 歲，這條長期軌跡和一條對稱的羅吉斯曲線（logistic curve）吻合，而且已經很接近大約 90 歲的漸近線，其他富裕國家的軌跡也顯示出上限，愈來愈逼近。二十世紀的紀錄顯示出兩個截然不同的壽命拉高期：到 1950 年為止是較快速的線性增長，在半個世紀裡增加了 20 歲左右，接著就減緩下來。

　　如果我們離人類壽命的上限還很遠，那麼年紀最長的這群人記錄到的存活年數增加量就應該是最多的，也就是說，80 至 85 歲的人增加的年數應該會比 70 至 75 歲的人多。這也正是從 1970 年代到 1990 年代初期，在法國、日本、美國、英國所做的研究顯示的結果，不過在那之後，壽命增加的趨勢就一直處於穩定狀態。

基因也許沒有決定壽命的特定上限，就像沒有哪個遺傳指令可以限制我們能跑多快（參見〈流汗如何提升狩獵表現〉，第 38 頁）。然而壽命是從基因和環境相互影響產生出來的身體特徵，基因本身可能就帶進了生物物理學上的限制，如抽菸等環境的影響也會產生限制。

　　最長壽的世界紀錄是法國人卡爾蒙（Jeanne Calment），她在 1997 年以 122 歲高齡去世。不可思議的是，二十多年後她仍是史上活最久的人，而且比別人高出一截。（差距確實大得可疑；她的年齡甚至身分都引起議論。）世界第二高壽的超級人瑞在 1999 年去世，活到 119 歲，從那時之後就沒有人活到超過 117 歲了。

　　如果你有祖輩活到 100 歲，而認為自己很有機會長命百歲，那麼你該知道，壽命的可遺傳性並不高，估計落在 15 至30% 之間。考量到人往往會選擇和自己相像的配偶（這個現象稱為選型交配），人類壽命的實際可遺傳性可能比上述的估計值還要低。

　　就像所有的複雜事物一樣，已發表的統計分析當然容許各種不同的詮釋。庫茲威爾希望，未來飲食方面的介入及其他祕訣會延長自己的生命，足以延長到重大科學進展能讓他長生不死。確實有一些關於如何達到延壽目標的想法，其中一個構想是延長人類細胞的端粒（位於染色體末端，會隨年齡磨損的核苷酸序列），來讓細胞恢復活力，如果行得通，也許就能把實際的最長壽命提高到超過 125 歲。

至於現在，除了那些少數特別早熟的讀者，我可以給所有人的最好建議，就是提前計畫未來的生活——不過也許不用超前到二十二世紀那麼遠。

流汗如何提升狩獵表現

在數萬年前的非洲，長程投射式武器還沒發展起來之前，我們的祖先只有兩種獲得肉食的方法：撿食力氣更大的野獸吃剩的殘羹，或是自己去獵殺獵物。人類之所以能占據這些生態棲位的第二位，部分原因是雙足步行的兩大優勢。

第一個優勢在於我們的呼吸方式。四足類動物因為胸腔必須吸收前肢受到的衝擊，可以每個運動循環只呼吸一次，但我們可以選擇其他的比率，這就讓我們運用能量時更為靈活。第二個優勢更大，是我們調節體溫的特殊能力，這讓我們可以做到獅子做不到的事：在日正當中的時候賣力長跑。

這一切都要歸結到排汗。主要用於運輸的兩種大型動物，排汗量和其他四足類動物比起來都很大：在一小時裡，一匹馬每平方公尺皮膚可排出大約 100 公克的水，而一頭駱駝每平方公尺皮膚可以排到 250 公克。不過，一個人每平方公尺皮膚可以輕鬆排掉 500 公克，這個量足以帶走可抵 550 至 600 瓦特的熱。人類每小時的最大出汗量可達每平方公尺 2,000 公克以上，據說短期出汗量的最高紀錄是這個數字的兩倍。

我們是出汗的超級巨星，而且非是不可。配速比較慢的業餘馬拉松跑者，消耗能量的速率會是 700 至 800 瓦特，而花 2.5 小時就跑完 42.2 公里的身經百戰馬拉松選手，代謝率大約是 1,300 瓦特。

另外，我們在排出水的時候還有一個優勢：不必馬上補足流失的水。只要在一天左右的時間裡補充水分，人類可以忍受暫時的極度乾渴。事實上，在比賽期間，最優異的馬拉松選手每小時只喝 200 毫升左右的水。

這些優勢綜合起來，就讓我們的祖先成為所向無敵的畫行性高溫掠食者。他們當然跑不贏羚羊，但大熱天裡可以跟在後頭追逐，直到羚羊筋疲力竭，跑不動為止。

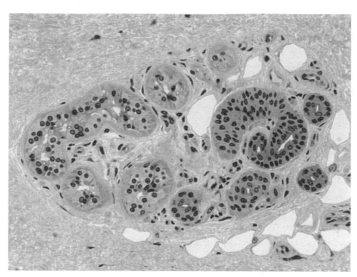

圖 7　人類汗腺的顯微切片

三大洲都有這種長距離追逐的記載，而且包含一些跑得最快的四足類動物。在北美洲，生活在墨西哥西北部的塔拉烏馬拉人（Tarahumara）可以跑贏鹿，更北邊的派尤特人（Paiute）和納瓦荷人（Navajo）可以耗盡叉角羚的力氣。在南非，喀拉哈里沙漠地區的巴薩爾瓦人（Basarwa）乾季時可以耗盡各種羚羊，甚至牛羚和斑馬的體力。在澳洲，有些原住民還常常跑贏袋鼠。

　　這些跑步好手甚至具有一項優勢，勝過穿著昂貴運動鞋的現代跑步選手：赤腳跑步不但減少了腳踝與小腿受重傷的機會，還能減少大約 4% 的能量消耗，這在長跑上是非同小可的優點。

　　我們人類在生命的賽跑中，既不是跑得最快的，也不是效率最高的，但多虧了排汗的能力，我們絕對是最能堅持到底的。

修築大金字塔需要多少人？

考慮到古夫大金字塔（Khufu's Great Pyramid）竣工以來經過將近四千六百年的時間，儘管讓它從遠處看顯得閃閃發光的光滑白色石灰石包覆層已經掉落，但它的結構仍然保持完好，所以確切的形狀（底部是正多邊形的多面體）、原始高度（146.6公尺，含塔頂的小角錐，或稱頂石）與體積（約260萬立方公尺），並沒有什麼爭議之處。然而，我們也許永遠不會知道它是怎麼修築起來的，因為每種常見的解釋都有疑點。一條長坡道應該會需要大量的石材去建造，而要把石塊搬上較短的環繞坡道應該會很困難，要把超過200萬個石塊抬起並就定位，也同樣困難，但不能因為不知道它是怎麼建造起來的，就認為我們無法有把握的講出建造金字塔需要多少人。

法老古夫在公元前2530年左右去世，我們必須從二十年的時間限制，也就是他的在位時間開始說起。書寫歷史的希羅多德（Herodotus）在金字塔完工超過21個世紀後赴埃及旅行，他途中聽到有人說，為了完成建築結構，在三個月的時間裡一次就動用了總計10萬人的工班。1974年，德裔英籍物理學家

圖 8 吉薩的大金字塔

孟德爾頌（Kurt Mendelssohn）估計勞動力有 7 萬名季節工，及多達 1 萬名長期石匠。但這些數字是很大的高估，而靠著不可避免的物理學，我們可以更接近實際數字。

　　大金字塔的位能（把質量抬離地面所需的能量）大約是 2.4 兆焦耳，這相當容易計算：就等於重力加速度、金字塔的質量與質心（高度的四分之一）三者相乘的乘積。質量取決於土拉（Tura）石灰石的具體密度及用來建造結構的砂漿，所以無法確定，不過我假設平均值是每立方公尺 2.6 噸，因此總質量大約是 675 萬噸。

　　人體可以把大約 20% 的食物能量轉換成有用的功，勤奮的工人一天可達約 44 萬焦耳，因此抬起石塊大約需要 550 萬個工作天（2.4 兆除以 44 萬），也就等於二十年間每年約需 275,000 工作天，而 900 個工人一年工作 300 天，每天工作 10 小時，就能達到這個目標。在逐漸高聳的建物安置石塊，然後再把包覆層的石塊磨光（相形之下，裡層的許多石塊就切割得很粗糙），所需的工人可能也差不多是這個數量。而且在二十年裡為了切割 260 萬立方公尺的石塊，這項工程可能需要約 1,500 名採石工人，利用銅鑿子與煌綠岩製的槌子，每年工作 300 天，每人平均採得 0.25 立方公尺的石塊。

這樣的話，施工人力總計就會有差不多 3,300 人。即使我們為了計算設計師、籌劃者和工頭，算清楚運送、維修工具、搭建並維護工地宿舍以及做飯洗衣所需的人力，而把上面的數字增加一倍，總數仍然不到 7,000 人。

埃及在這座金字塔的建造期間，總人口有 150 萬到 160 萬，所以調動不超過 1 萬人應該不會對埃及的經濟造成特別大的負擔。這當中的考驗可能在於安排人力；規劃出建築石材的暢通供應鏈，包括用於內部結構（尤其是中央墓室和具有巨人支撐結構的大走廊），必須從大約 800 公里外的南埃及用船運送到吉薩的花崗石；以及現場工班的衣食住供應。

1990 年代，考古學家在吉薩發現了一處工人墓地，以及後來建造另外兩座金字塔時，供建築工人住宿的居所地基顯示出，住在工地的人數不超過 2 萬。另外兩座金字塔（一座是為古夫之子卡夫拉〔Khafre〕修建的，於公元前 2520 年動工；另一座是孟卡拉〔Menkaure〕的陵墓，於公元前 2490 年動工）

接連建造出來，就充分證明了埃及古王國時期的設計師、監督者與工人十分精通金字塔的修築，建造那些巨大結構就只是另一個營造工程罷了。

為什麼失業數字反映不了全貌

　　經濟學上的很多統計數據是出了名的不可靠，原因往往跟衡量時哪些因素包括在內、哪些因素忽略未計有關。GDP就是很好的例子，這個衡量基準忽略了空氣汙染與水汙染、土壤侵蝕、生物多樣性消失、氣候變遷的影響等重要的環境外部因素。

　　衡量失業人口時也會排除掉某些可能性，而美國的詳細資料也許最適合拿來說明這當中的選擇。漫不經心的美國經濟新聞閱聽人只熟悉官方數據，依數據估計，美國在 2019 年 12 月的總失業率達 3.5%。但這只是勞動統計局（Bureau of Labor Statistics）用來量化「勞力低度運用」（labor underutilization）的六個方法之一。

　　我在這裡一一列出這六種不同的失業率，再同樣以 2019 年 12 月的失業率由小排到大。失業 15 週以上的人占平民勞動力的比例：1.2%。丟了飯碗及臨時工工作結束的人：1.6%。總失業人口占平民勞動力的比例：3.5%。總失業人口加上放棄求職的失望勞工（discouraged worker），占平民勞動力與失望

圖9　經濟大恐慌（大蕭條）時期排隊領取救濟食物的失業人群

勞工的比例：3.7%。將前面的類別擴大成只和勞動力「略有關聯」（做臨時工作或打零工）的所有人：4.2%。最後就是，把最後一個類別加上出於經濟因素才做兼職工作的人（他們更願意做全職工作）：6.7%。這六種計算方法得出的數值有頗大的差距——官方失業率（U-3）是涵蓋面最廣的失業率（U-6）的一半左右，而這又是涵蓋範圍最窄的算法（U-1）的五倍多。

　　如果你丟了飯碗，你必須繼續找新工作，才能算是失業人口，否則永遠不算。這也就是為什麼在嘗試接近「真正的」失業率時，必須看勞動力參與率（labor force participation rate，可工作的人數占總人口的百分比）──這個占比近來一直在下滑。美國的勞動力參與率在 1950 年只有約 59%，經過半個世紀的提升，到 2000 年春季時達最高點 67.3%；隨後一路下滑，在 2005 年秋季降到 62.5%，接著微幅上升，在 2019 年底達到 63.2%。當然，不同的年齡層之間有差異，35 至 44 歲的男性勞動力參與率最高，約有 90%。

歐洲國家的失業統計數字則顯示出，要把這些數字和一國的社會結構或國民的個人滿足感聯繫起來，真的很困難。失業率最低的是捷克，只有 2% 出頭；西班牙的高失業率維持了很多年，全部就業人口在 2013 年的失業率超過 26%，2019 年年尾則超過 14%，而西班牙青年的失業率雖然下降了一點，在 2019 年仍有大約 33%（這個數字對加入勞動力的任何人來說，顯然都是很鬱悶的現實）。然而，捷克的幸福報告得分（見下一章）只比西班牙高 8%，但捷克的自殺率是每 10 萬人有 8 人多一點，是西班牙的三倍高。的確，搶案在巴塞隆納比在布拉格常見，不過西班牙的搶案平均數只比英國稍高些，而且英國的失業率是西班牙的四分之一。

就業（失業）的複雜實際情況顯然永遠無法以一個總數反映出來。由於家人的支持和非正式的勞動力安排，許多形式上失業的人都應付得過來，而有很多充分就業的人不滿意自己的生活，卻礙於技能或家裡的經濟狀況，無法輕易換工作甚至換不了工作。

數字也許不會說謊，但每個人對數字的觀感都不同。

讓人快樂的因素是什麼？

　　想要回答這個問題，滿有幫助的方法是去瞭解一下，哪些國家的社會真的自認為比別人更加快樂，而從 2012 年開始，做這件事很容易，只要查閱最近公布的《全球幸福報告》（*World Happiness Report*）就能辦到，目前聯合國永續發展方案網路（United Nations Sustainable Development Solutions Network）每年都會在紐約發布這份報告。

　　在 2019 年（總結 2016 至 2018 年的資料與調查）的報告中，芬蘭連續兩年蟬聯世上最快樂的國家，後面依序是丹麥、挪威、冰島；瑞典的排名緊追在荷蘭與瑞士之後，表示北歐國家就占了前七名當中的五名。排進前十名的國家還有紐西蘭、加拿大和奧地利。接下來的國家則是排名 11 的澳洲，排名 20 的捷克；英國名列 15，德國 17，而美國硬擠進了第 19 名。

　　媒體就像上面這樣報導，紛紛讚賞始終快快樂樂的北歐人，附帶指出美國（分配不均）的財富買不到幸福。報導中很少提及的，則是實際算出各國得分的指標：人均 GDP、社會支持（評分的方式是問民眾在陷入困境時，是否有親戚或朋友

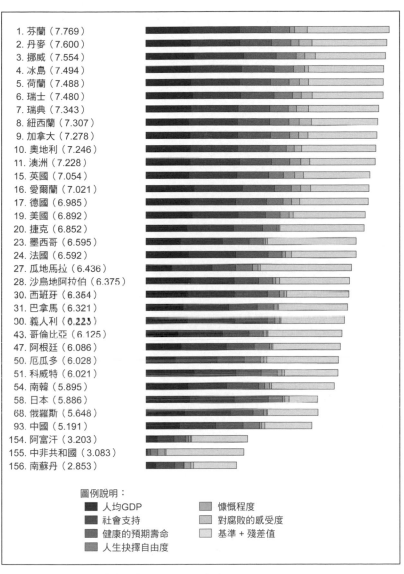

1. 芬蘭（7.769）
2. 丹麥（7.600）
3. 挪威（7.554）
4. 冰島（7.494）
5. 荷蘭（7.488）
6. 瑞士（7.480）
7. 瑞典（7.343）
8. 紐西蘭（7.307）
9. 加拿大（7.278）
10. 奧地利（7.246）
11. 澳洲（7.228）
15. 英國（7.054）
16. 愛爾蘭（7.021）
17. 德國（6.985）
19. 美國（6.892）
20. 捷克（6.852）
23. 墨西哥（6.595）
24. 法國（6.592）
27. 瓜地馬拉（6.436）
28. 沙烏地阿拉伯（6.375）
30. 西班牙（6.364）
31. 巴拿馬（6.321）
00. 義大利（0.223）
43. 哥倫比亞（6.125）
47. 阿根廷（6.086）
50. 厄瓜多（6.028）
51. 科威特（6.021）
54. 南韓（5.895）
58. 日本（5.886）
68. 俄羅斯（5.648）
93. 中國（5.191）
154. 阿富汗（3.203）
155. 中非共和國（3.083）
156. 南蘇丹（2.853）

圖例說明：
■ 人均GDP ■ 慷慨程度
■ 社會支持 ■ 對腐敗的感受度
■ 健康的預期壽命 ■ 基準＋殘差值
■ 人生抉擇自由度

圖 10 各國幸福指數（2016–2018 年）

可依靠）、健康的預期壽命（來自世界衛生組織針對 100 個影響健康的因素所做的評估）、人生抉擇的自由度（評分的方式是要回答「你對於自己選擇過哪種生活的自由感到滿意還是不滿意？」這個問題）、慷慨程度（「過去一個月你是否曾捐錢給慈善機構？」），以及對（整個政府與企業內部）腐敗的感受度。

這個指標就和所有的指標一樣，結合了各種要素，包括：一個出了名不可靠的指標（換算成美元的各國 GDP）；一些無法簡單進行跨文化比較的答案（對於選擇自由的感覺）；以及根據可透露內情的客觀變項得出的評分（健康的預期壽命）。這個大雜燴本身就表明了，我們應該要對排名的精確性存疑，而當我們細看媒體從來不報導的各國實際得分（準確到小數點後第三位！），這種感受會大幅加深。很巧的是，2019 年我在世上最快樂的三個國家授課，不過顯然我沒察覺到芬蘭人（7.769）比丹麥人（7.600）多了 2.2% 的幸福感，丹麥人又比挪威人多了 0.6% 的幸福感。

這一切顯然很荒謬。排名第九的加拿大綜合得分，只比芬蘭少了 6.3%。考慮到關於構成變項的所有固有不確定性，及構成變項加總時過分簡化、未加權的計算，如果把得分取近似值到最近的單位，這樣不是比較準確、比較可信（當然也就比較不值得媒體關注）嗎？不管怎樣，如果不要排出名次，只說有哪些國家進入前十或二十名，這樣不是更好嗎？

還有就是，幸福感與自殺之間沒有明顯的相關性，在圖上畫出所有歐洲國家的這兩個變項之後，看不到有任何關係存在。相對而言，在最快樂的國家當中，確實有些國家的自殺率較高，而在不快樂的國家當中，有些國家的自殺率卻非常低。

不過，除了當個有錢的北歐人外，還有什麼因素能讓人快樂？名次看起來不相稱的國家，提供了十分有趣的線索。列入排名的 156 個國家當中，最不快樂的三個國家是阿富汗、中非共和國與南蘇丹，很遺憾的是，這頗符合預期，畢竟這些國家飽受內戰摧殘。

可是，第 23 名的墨西哥（一個暴力犯罪率和凶殺率極高的毒品大國）排在法國前面？瓜地馬拉的排名在沙烏地阿拉伯前面？巴拿馬排在義大利前面？哥倫比亞的名次高於科威特？阿根廷的名次高於日本？厄瓜多高於南韓？

這幾組國家顯然形成了一種不尋常的模式：每一組的第二個國家都比第一個富裕（往往是富裕許多）、安定、暴力犯罪率低，提供更安逸的生活，而且各組的第一個國家有明顯的共通性：這些國家相較之下可能很窮、動盪不安，甚至暴力事件頻傳，但這些國家過去都是西班牙的殖民地，因此絕大多數是天主教徒。

還有，他們全部排進前五十名（厄瓜多是第 50 名），不但超越日本（58），更遙遙領先中國（93）；在天真的西方人眼裡，中國簡直是擠滿了快樂購物者的經濟天堂。不過，雖說路易威登（Louis Vuitton）在中國可能賺進大把鈔票，但不管是大型商場還是無所不知的政黨領導階層，都無法讓中國人有幸福感；甚至連政府失能且貧窮許多的奈及利亞（85）公民，都比中國人感覺更快樂。

這當中的啟示很清楚：如果你不在前十名內（不是北歐人、荷蘭人、瑞士人、紐西蘭人或加拿大），那就改信天主教，開始學西班牙語吧。¡Buena suerte con eso!（祝好運！）

巨型都市興起

　　「現代」意指很多事情：財富與社會流動愈來愈高、通訊便宜又即時、糧食充足且負擔得起、預期壽命更長。不過，那些住在其他星球、定期把太空偵察探測器送到地球的外星觀測員，可能會對一個可輕鬆從太空觀察到的改變有深刻印象：隨著都市化的腳步愈來愈快，城市宛如變形蟲般繼續不斷蠶食周圍的鄉下，創造出點綴了一整夜的大量強烈光團。

　　1800 年的時候，全球居住在城市裡的人口不到 2%；到了 1900 年，這個比例仍然只有 5% 左右。到 1950 年，占比達到 30%，而在 2007 年，居住在城市裡的人口首次超過一半。到 2016 年，聯合國的全面調查發現有 512 座城市的人口超過 100 萬，其中 45 個超過 500 萬，而有 31 個更突破了 1,000 萬。人口最多的這一組有個特殊的名稱：「巨型都市」（megacity）。

　　人、知識與活動的聚集產生了不少好處，促使人口不斷朝愈來愈大的城市集中，而之所以出現這種聚集，通常是因為要把同性質的公司放在一起：在全球的層級上，記憶中有金融之都倫敦和紐約，以及消費性電子產品之都深圳。規模經濟省下

法國巴黎
1,090萬

美國洛杉磯
1,250萬

美國紐約
1,880萬

土耳其伊斯坦堡
1,480萬

墨西哥墨西哥市
2,160萬

奈及利亞拉哥斯
1,350萬

哥倫比亞波哥大
1,060萬

剛果民主共和國金夏沙
1,320萬

祕魯利馬
1,040萬

巴西里約熱內盧
1,330萬

巴西聖保羅
2,170萬

阿根廷布宜諾斯艾利斯
1,500萬

圖 11 巨型都市（2018 年）

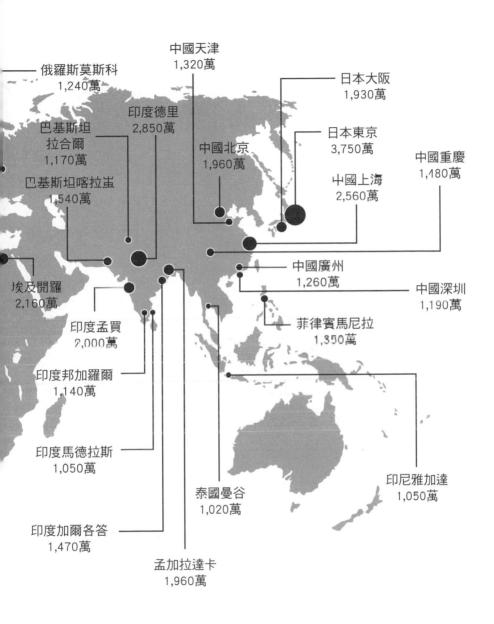

俄羅斯莫斯科
1,240萬

中國天津
1,320萬

日本大阪
1,930萬

印度德里
2,850萬

巴基斯坦
拉合爾
1,170萬

中國北京
1,960萬

日本東京
3,750萬

中國重慶
1,180萬

巴基斯坦喀拉蚩
1,540萬

中國上海
2,560萬

埃及開羅
2,160萬

中國廣州
1,260萬

中國深圳
1,190萬

印度孟買
2,000萬

菲律賓馬尼拉
1,350萬

印度邦加羅爾
1,140萬

印度馬德拉斯
1,050萬

印尼雅加達
1,050萬

泰國曼谷
1,020萬

印度加爾各答
1,470萬

孟加拉達卡
1,960萬

了很多錢；生產者、供給者、消費者之間的相互影響更容易處理；企業可以取得大量的勞力與多元的專業知識；還有，儘管有擁擠和環境上的問題，大城市的生活品質仍然吸引了現今通常來自世界各地的人才。城市是無數的綜效與投資機會之地，提供絕佳的教育和有意義的事業，這就是為什麼很多小型城市（就像周邊的鄉下）人口流失，巨型都市卻繼續不斷擴增。

把這些巨型都市按規模評等，並不是簡單的事，因為從各種行政邊界產生出來的數字，和我們把巨型都市當成運作單位時得出的數字不同。世界第一大巨型都市東京，在管轄範圍或統計資料方面有八種不同的定義方式，從人口少於 1,000 萬的東京 23 區（東京都區部），到人口將近 4,500 萬的首都圈。東京市政府則採用東京大都市圈，它的定義是以東京都廳位於新宿區的雙塔形辦公大樓（東京都第一本廳舍）為中心，通勤距離 70 公里內的範圍：這大片區域現在約有 3,900 萬人。

巨型都市的增長充分說明了西方影響力正逐漸消退，而亞洲在崛起。在 1900 年，世界前十大城市當中有九個在歐洲和美國；1950 年，只有紐約和東京是巨型都市；而在 1975 年，墨西哥市晉級為第三個巨型都市。但到二十世紀末尾，巨型都市的名單已經增加到 18 個，而在 2020 年達到了 37 個，總計有超過 5 億人居住在這些巨型都市。東京仍位居榜首（東京的人口超過了加拿大總人口，所創造的經濟產量相當於德國總產量的一半），而 37 個巨型都市當中有 22 個（將近六成）位於亞洲。有 6 個在拉丁美洲，4 個在歐洲（莫斯科、伊斯坦堡、巴黎、倫敦），3 個在非洲（開羅、拉哥斯、金夏沙），2 個在北美洲（紐約和洛杉磯）。

　　這些城市當中，沒有一個在所有的重要生活品質標準拿到很高的排名：東京很乾淨，離市中心不遠的住宅區非常安靜，大眾運輸工具堪稱典範，犯罪率也很低；可是住宅狹小，每天的通勤時間很久又累人。中國的幾個巨型都市，全都是由從農村地區移入、（直到最近還）無權居住在當地的人建設起來的，這些城市已經成為新建築風格與閃亮公共工程計畫的展示品，但空氣品質和水質很差，居民現在還不斷受到監控，連一點點社會違法行為也不放過。相形之下，非洲的巨型都市就沒什麼法規，奈及利亞的拉哥斯與剛果的金夏沙正是混亂、敗壞和環境惡化的化身。

　　然而這一切並沒有產生什麼不同的結果；每個巨型都市仍持續吸引外面的人進來，不管是星級餐廳數最多的東京，在國外出生人口比例最高的紐約，還是凶殺率逼近每 10 萬人就有 40 人的里約熱內盧。而且聯合國已經預測，到 2030 年將會再多出 10 個巨型都市：6 個在亞洲（包括印度的亞美達巴德和海得拉巴德），3 個在非洲（約翰尼斯堡、三蘭港、盧安達），以及哥倫比亞的波哥大。

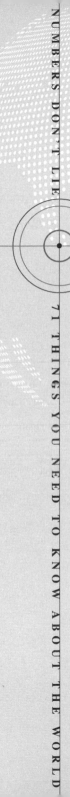

國

全球化時代裡的國家

第一次世界大戰的延長災難

　　2018 年 11 月，世界第一次真正全球性的武裝衝突結束一百週年。近來很少有哪個一百週年紀念像它一樣，影響那麼深遠。這場戰爭的殘暴殺戮在一代人的記憶裡留下創傷，但最悲慘的遺害，是導致共產黨統治了俄國（1917 年），法西斯統治了義大利（1922 年），納粹統治了德國（1933 年）。這些事態發展引起了第二次世界大戰，二次大戰造成的死亡比一次大戰還要多，而且留下了直接與間接的遺害，包括北大西洋公約組織（NATO，簡稱北約組織）與俄羅斯的對立關係，及南北韓的分裂，這些遺害至今仍在擾亂我們的生活。

　　儘管第二次世界大戰死了更多人，但還是可以提出理由說明一次大戰是嚴重的災難，因為它引起隨後發生的許多事情。二次大戰部署的毀滅性武力確實提升了許多，包括有史以來速度最快的往復式引擎戰機、巨型的四引擎轟炸機（B-17）、飛彈（德國的 V1 與 V2），以及在戰爭尾聲摧毀了廣島和長崎的原子彈。

　　相較之下，第一次世界大戰的戰線是挖掘出來的壕溝，幾乎沒有移動過，戰事顯然沒有那麼激烈。但更仔細研究一下就會發現，純技術方面的進展對於拉長時間且增加死亡人數，確實是關鍵。

　　先不談在戰場上使用毒氣（未曾這麼大規模重複使用），有幾種最主要的現代戰爭形式，就在這場較早期的戰事中發展出來，甚至臻於完善。第一批柴油動力潛艦用來執行長時間的突襲，攻擊商船的護航船隊；戰場上部署了第一批戰車；首次發動飛艇和飛機執行轟炸空襲。第一艘可隨時應戰的航空母艦在 1914 年下水。1916 年，法國人成功測試了能夠空對地語音

圖 12　1916 年索姆河戰役（Battle of the Somme）：英軍與馬克一型（Mark I）戰車

通信的輕便發話機，1917 年又進步到空對空，使電子元件開始踏上愈來愈小、愈來愈方便使用的漫長之路。

　　但在所有這些發展中，我們必須單獨挑出氨合成法這個重大的創新，這個新方法讓受到封鎖的德國得以忍耐四年的雙線戰爭。硝酸鹽是製造炸藥所需的原料，戰爭爆發之初，英國海軍切斷了德國從智利進口硝酸鹽的管道，但由於機緣巧合，德國可改用自製的硝酸鹽自給自足。1909 年，卡爾斯魯厄大學（University of Karlsruhe）教授哈柏[*]用組成元素來合成氨的長期探索有了成果。在高壓環境和有催化劑的條件下，氮和氫會發生化學反應，形成氨（NH_3）。

　　到 1913 年 10 月，當時的世界頂尖化學企業集團巴斯夫（BASF）在博施[†]的帶領下，已經在位於德國奧堡（Oppau）的世界第一座氨工廠，把合成氨的製程成功商業化，準備用這種合成氨來製造硝酸鈉或硝酸銨等固體肥料（詳見〈沒有合成氨的世界〉，第 216 頁）。

　　然而開戰不到一年後，巴斯夫並沒有把氨轉化成肥料，而是開始大量生產用於轉化成硝酸的化合物，準備用來合成戰時的炸藥。1917 年 4 月，更大型的氨工廠在洛伊納（Leuna，在萊比錫以西）完工，兩座工廠的聯合生產量，足夠提供德國到戰爭結束前製造炸藥的需求。

---

[*]　編注：哈柏（Fritz Haber）是猶太裔德國化學家，因發明製氨的哈柏法獲得 1918 年的諾貝爾化學獎。
[†]　編注：博施（Carl Bosch）是德國化學家與工程師，在第一次世界大戰後投入高壓化學領域，獲得 1931 年諾貝爾化學獎。

工業界找出辦法克服各種短缺的新本領，拖延了第一次世界大戰的時間，增加了大量的傷亡。這種令人害怕的現代發展，掩飾了戰爭的原始意象，儘管延續很久的僵局經常讓戰事陷在泥濘的壕溝裡，現代發展也為二十幾年後更大規模的殺戮鋪了路。

美國真的很獨特嗎？

　　所謂的「美國獨特主義」（American exceptionalism，又譯美國例外主義、美國優越論），就是認為理想、思想及熱愛自由的獨特熔爐，因偉大的技術成就與經濟成就而變得十分強大。這種信念盛而不衰，甚至連前總統歐巴馬也改變了觀點；他以非感情用事的執政方式而聞名，因此一開始只是勉強認同。他在上任之初（2009 年 4 月），基本上是以否認的說法聲明自己的信念：「我相信美國獨特主義，就像我懷疑英國人相信英國獨特主義，或希臘人相信希臘獨特主義一樣。」到 2014 年 5 月，他的態度已經緩和下來了：「我一心一意相信美國獨特主義。」

　　但這樣的聲明如果禁不起事實的考驗，就沒有任何意義。在這裡，真正重要的不是一個國家的 GDP 高低，或這個國家可能握有多少彈頭或專利，而是實際描述了國民身心福祉的變項。這些變項就是生、死與知識。

　　嬰兒死亡率可以充分反映各種條件，包括所得、居住品質、營養、教育及醫療照護上的投資。在居住環境良好、父母受過良好教育（本身營養就充足）並適當餵奶、可獲得醫療照護的富裕國家裡，很少有嬰兒死亡（參見〈需要生活品質的最佳指標嗎？試試嬰兒死亡率〉，第 19 頁）。那麼美國在全球大約兩百個國家當中的排名如何呢？最新出爐的各國比較表顯示，美國每 1,000 個活產嬰兒中就有 6 個在滿週歲之前死亡，沒有排進前 25 名。美國的嬰兒死亡率遠高於法國（千分之 4）、德國（千分之 3）和日本（千分之 2），也比希臘（千分之 4）高了 50%；希臘自從金融危機以來，在媒體報導中就一直是極度窮困的國家。

美國如果想為很低的排名辯解，拿歐洲國家都是由同種族的人所組成當藉口，是行不通的，因為現代的法國和德國社會有很多新近移民，只要去馬賽或杜塞爾多夫待上一段時間就能知道。更重要的是父母的知識、良好的營養狀況、貧富不均的程度，以及獲得全民醫療照護的管道，而眾所周知，美國是唯一沒有全民醫療照護體系的現代富裕國家。

如果改看人生旅程的終點，也會看到差不多同樣糟糕的結果：美國最新公布的預期壽命（男女都是將近 79 歲），連全球前 24 名都沒有排進，而且再次落後希臘（約 81 歲），也落後南韓（將近 83 歲）。和美國人相比，加拿大人的壽命平均多了超過 3 歲，日本人（約 84 歲）則多了將近 6 歲。

經濟合作暨發展組織（OECD）每三年一次的國際學生能力評量計畫（PISA），都會審視美國學生的教育成就（或缺失）。以 15 歲學生為對象的最新評量結果（2018 年）顯示，美國在數學領域的排名僅次於俄羅斯、斯洛伐克和西班牙，但遠低於加拿大、德國與日本。在科學領域，美國學生的分

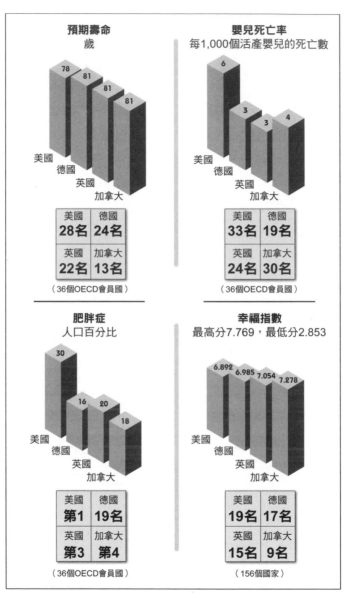

圖 13 預期壽命／嬰兒死亡率／肥胖症／幸福指數

數（497）略低於 PISA 平均分數（501），在閱讀方面的分數（498）則略高於平均（496），但遠遠落後所有人口稠密的富裕西方國家。PISA 就和任何一個同類型的調查一樣有缺點，但相對排名的巨大差異是顯而易見的：沒有半點跡象顯示美國有任何獨特的教育成就。

美國讀者也許會覺得這些事實令人不舒服，但這無可置辯。比起其他富裕國家，在美國嬰兒死亡的可能性較高，而高中生學習的可能性較低。政客也許會四處尋找美國獨特主義的證據，但不會在這些數字裡找到，可是這些數字正是關鍵。

為什麼歐洲應該洋洋自得

　　1958 年 1 月 1 日，比利時、法國、義大利、盧森堡、荷蘭和德國共同成立了歐洲經濟共同體（European Economic Community），目的是實現關稅同盟內部的經濟整合與自由貿易。

　　儘管擺明了最為緊迫的目標是經濟，但歐洲經濟共同體的抱負向來遠超過這個目標。會員國在創設文件〈羅馬條約〉（Treaty of Rome）中，宣布他們決心「為歐洲各民族間日益緊密的聯盟奠定基礎」，並且「共同採取行動，消除各種分裂歐洲的障礙，確保他們國家的經濟與社會進步」。這些目標在當時看來似乎相當不切實際，因為讓歐洲分裂的，不只是國家間的偏見與經濟不平等，還有最根本的鐵幕——莫斯科控制了從波羅的海到黑海這條分界線以東的國家。

　　1968 年「布拉格之春」失敗後（捷克斯洛伐克企圖改革，後因蘇聯入侵而告終），蘇聯重獲控制權，同時歐洲經濟共同體繼續接收新成員：英國、愛爾蘭、丹麥在 1973 年加入，希臘在 1981 年加入，西班牙和葡萄牙在 1986 年加入。隨後，蘇聯在 1991 年解體，泛歐整合之路就打開了。1993 年，〈馬斯垂克條約〉（Maastricht Treaty）建立了歐洲聯盟（簡稱歐盟）；1999 年，共同貨幣歐元誕生；現在，加入歐盟的國家有 27 個。

歐盟的人口將近 4.5 億，不到全球人口的 6%，卻創造了世界經濟產出的將近 20%，而美國是 25%。歐盟在全球的財貨出口占了近 15%，比美國多三分之一，這些財貨包括汽車、飛機、藥品和奢侈品。除此之外，根據聯合國的人類發展指數，歐盟 27 個會員國當中，有半數在生活品質方面排進前 30 名。

但現在，歐盟正目睹日益加劇的擔憂和不滿。聯盟關係正在鬆動，英國已經完全脫離。

在歐洲內部，時事評論員對於這波新掀起的離心趨勢，提出沒完沒了的解釋，包括布魯塞爾的歐盟官僚過度控制；重申國家主權；以及糟糕的經濟與政治抉擇，尤其是決定採用沒有共同財政責任的共同貨幣。

我得承認我很困惑。像我這樣的人，在納粹占領時期出生，在鐵幕的後面長大，家族史又具有歐洲典型的、往往很複雜的民族及語言血統，會認為今天的歐洲（缺點及其他一切）是個驚人的結果，美好得讓人難以置信。這些成就想必值得加倍努力妥協，讓它再度團結起來。

但現在，歐洲人把幾十年來的和平繁榮視為理所當然，而失誤和難題（有些是不可避免的，有些是不可原諒的）重新燃起過往的偏見與嫌隙。我為歐洲許下的心願是：讓它順利運作。做不到這件事，可不能等閒視之。

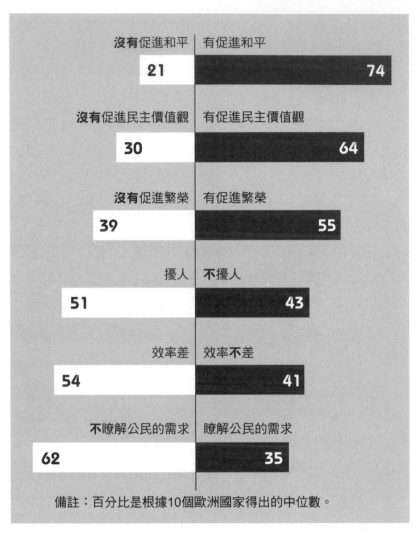

備註：百分比是根據10個歐洲國家得出的中位數。

圖 14　有多少比例的歐洲人説歐盟……

英國脫歐：
最重要的現實問題不會改變

　　英國脫歐後有什麼地方會真的不同？當然，脫歐意外拖延了很久，很多事情在前期準備階段就已經發生變化，拜上一次成功侵略不列顛群島時取得的詞語之賜，英語最能用來形容發生何事的字詞是：這個國家經歷了一段迷失方向的時期，充滿指控、惡言相向、譴責、妄想、曲解、錯覺、相互指責和經過考驗的客套舉止。

　　但就英國國內生活的基本決定因素而言，未來五年或十年會發生什麼真正的改變呢？

　　先談重要的。每個人都得吃東西，而現代社會在這方面極為成功，以大致上負擔得起的成本，供應種類多到史無前例的食品。我們必須透過源源不斷的燃料和電力，供應建築物、產業和運輸所需的能源。我們必須藉由製造、建造與維護，來生產並更換社會裡的材料基礎。我們還需要足夠的基礎建設（學校、醫療照護與老年照護機構），來讓人民受教育，讓人民生病和年老時得到照顧。其餘就是次要的了。

　　這些問題解釋起來並不困難。幾世紀以來，英國的糧食生產一直無法達到自給自足，仰賴進口的程度從 1980 年代初的兩成左右，倍增到近年的四成，而短期內實行極其嚴格的糧食配給制（加上冬季沒有新鮮農產品），可大幅減少對進口的依賴。英國有四分之三的糧食要從歐盟進口，不過，西班牙的菜農和丹麥的培根餐肉製造商仍會迫切盼望把產品運往英國，就像英國的消費者仍渴望買到這些食品一樣，因此不會有破壞需求的課稅或定價。

英國最後一次身為能源淨出口國（北海的石油與天然氣）是在 2003 年，而近幾年，有三成至四成的初級能源一直要靠進口，尤其是天然氣。同樣的，在不久的將來不會有什麼重大變化，而且供應量充足的全球能源市場，也會確保進口價格繼續保持在負擔得起的範圍。

英國曾經是近代科學製造業方面舉世無雙的創造者與開路先鋒，畢竟它是誕生了法拉第[*]、布魯內爾[†]、馬克士威[‡]、帕森斯[§]這些科學家及發明家的國度；但現在的去工業化程度，已經高於歷史上工業化程度最低的西方國家加拿大。2018 年，製造業占英國 GDP 的 9%，相較之下，加拿大是 10%，美國是 11%，而像日本、德國、韓國等製造業超級大國，分別是

---

[*] 編注：法拉第（Michael Faraday）是物理學家，對電磁學和電化學有重要貢獻。

[†] 譯注：布魯內爾（Isambard Kingdom Brunel）是英國大西部鐵路、泰晤士河隧道、克利夫頓吊橋的設計人。

[‡] 編注：馬克士威（James Clerk Maxwell）是物理學家，所提出的馬克士威方程式整合了電、磁、光，統歸為電磁現象。

[§] 譯注：帕森斯（Charles Algernon Parsons）是蒸汽渦輪機的發明人。

19%、21%、27%；愛爾蘭的占比現在甚至達到 32%，超越中國的 29%。但同樣的，政治協議上任何的突然轉變，無法翻轉這波歷史浪潮。

　　英國就和歐洲其他國家一樣，太過強調現代教育的量而

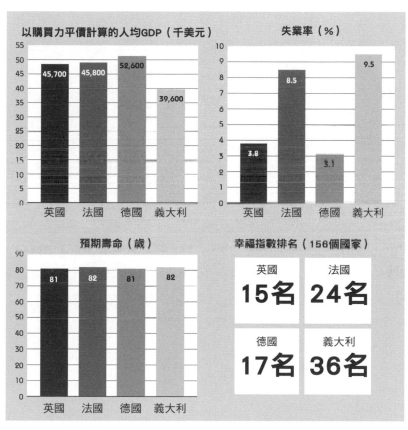

圖 15　相較於其他國家，英國目前表現得不錯——但未來會更好嗎？

不重質，醫療照護體系則在許多非常刻意安排的限制下生存（關於英國國家醫療保健服務〔NHS〕人員工作量過大、醫院不堪負荷的一連串報告，很容易說明這一點），高齡化人口也將需要更多資源。英國的扶老比（65歲以上的人數與20至64歲所有從事經濟活動人口數的比率），在2020年達到32%，仍比法國或德國略低一些，但到2050年將上升至47%。無論是政府介入，還是宣告重獲主權、與布魯塞爾官僚斷絕關係，對這個不可阻擋的變化過程都不會產生任何影響。

考慮到這些基本現實問題，理性的觀察家一定會懷疑，英國重新主張自我孤立到底有什麼明顯的差異、會帶來什麼實際的好處。人們可以在公車外漆上虛偽不實的說法，可以輕易做出誇大的承諾，自負或滿足感可能轉瞬間變得很有說服力，但這些無形的東西改變不了英國的現況。英國是一個高齡化、去工業化、破舊的國家，現在的人均GDP只比愛爾蘭平均值的一半多一點（這應該會讓史威夫特¶、格萊斯頓**或邱吉爾覺得完全無法理解）；英國也是另一個過氣的強國，它之所以獨特，一項原因在於它有太多憂愁的王子，另一項則是它輸出的電視影集總是戲服考究，並以僕役眾多的沒落鄉間莊園為背景。

¶　譯注：史威夫特（Jonathan Swift）為作家，代表作有《格列佛遊記》等。
**　譯注：格萊斯頓（William Ewart Gladstone）為政治家，前後擔任過四任首相及四次財政大臣。

對日本未來的憂慮

　　1945 年 9 月 2 日，在停泊於東京灣的密蘇里號戰艦（USS *Missouri*）的甲板上，日本政府代表團簽署降書，結束了可能是現代戰爭當中最不顧後果的戰爭。這場戰爭的結果，早在還沒開始之前就由美國的技術優勢決定了。日本偷襲珍珠港的時候，在物料方面早已失利——1940 年，美國鋼鐵產量大約是日本的十倍，這個差距在戰爭期間又進一步拉大。

　　日本經濟一蹶不振，直到 1953 年才超越戰前的最高峰，但在那個時候，日本已經打好了驚人崛起的基礎，沒過多久，日本的外銷產品就熱賣起來，從索尼（Sony）的第一批電晶體收音機，到住友（Sumitomo）的第一艘巨型油輪。1973 年，第一批本田喜美（Honda Civic）在美國上市，到 1980 年，日本汽車已經占據了美國三成的市場。1973 到 1974 年間，由於石油輸出國家組織（OPEC）決定提高石油出口價格到五倍，完全仰賴進口原油的日本受到重創，但迅速調整做法，轉而追求能源效率，隨後在 1978 年成為僅次於美國的世界第二大經濟體。到 1985 年，日圓走勢變得非常強勁，美國感受到日本進口商品的威脅，於是強迫日圓貶值。然而後來日本經濟甚至還竄升了：1985 年 1 月之後的五年內，日經指數漲了三倍以上。

這簡直好到不像真的；確實，經濟上的成功反映出，這個龐大泡沫經濟是過高的股價和房地產價格炒作出來的。2000年 1 月，過了最高峰的十年後，日經指數跌到 1990 年指數值的一半，近來才突破那個低點。

索尼、東芝（Toshiba）、日立（Hitachi）等代表性的消費性電子產品製造商，現在都在拚命想辦法獲利。曾經以無比可靠著稱的全球汽車品牌豐田（Toyota）和本田，正在召回數百萬輛汽車。從 2014 年以來，製造商高田（Takata）生產的安全氣囊出現瑕疵，導致有史以來最大規模的製造零件召回事件。2013 年，GS 湯淺（GS Yuasa）生產的鋰離子電池可靠度不足，結果給波音新型 787 客機帶來了麻煩。再加上經常輪替的政府，2011 年三一一大海嘯及隨後的福島核災，經常要擔憂變化莫測的北韓，以及與中國和南韓的關係惡化，確實會讓人感到事態令人擔憂。

還有一個更根本的問題。長遠來看，人口趨勢會決定國運。日本不僅是世界上高齡化最快的主要經濟體（已經是每四個人就有一人超過 65 歲，而到 2050 年，這個占比將接近四成），而且人口數還在逐漸減少。日本現今的 1.27 億人口，到2050 年將會減至 9,700 萬，種種預測也顯示，營建業和醫療照護體系缺少年輕勞動力。將來誰要維護日本範圍遼闊、效率令人讚嘆的交通基礎建設？誰要照顧無數的老年人？到 2050年，80 歲以上的老人會比孩童還要多。

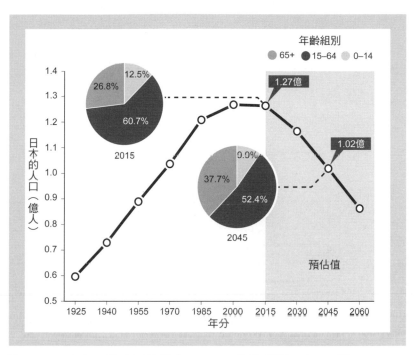

圖 16　日本人口隨時間的變化

　　所有主要國家的命運都遵循特定的興衰軌跡，但歷程中
最大的差異，可能就是他們處於全盛期的時間：有些國家經歷
了一段相形之下比較長久的平穩期，隨後就持續衰退（大英帝
國與二十世紀時的美國都符合這種模式），有的國家則是先急
速攀升到為時短暫的高峰，接著就幾乎算是快速衰落。

　　日本顯然屬於後者，二戰後的飛快崛起時期，於 1980 年
代末期結束，此後就每況愈下：在有生之年就看到它從悲慘世
界，躍居人人稱羨又懼怕的經濟超級大國，緊接著停滯不前，

然後衰退進入高齡化社會。日本政府一直在嘗試尋找出路，但在選區劃分不公正的國家，不容易進行激進的根本改革，而且這個國家依舊無法認真考慮適度的移民政策，和鄰國之間也仍未真正握手言和。

中國能發展到什麼地步？

　　有些重大指標人們期待了很多年。像是談中國將如何在
2015、2020 或 2025 年（隨便你挑一個）超越美國，成為世界
最大的經濟體，這樣的文章就有不少。關於這個問題，時間點
取決於我們採用哪個計算貨幣的方式。

　　從購買力平價（purchasing power parity，簡稱 PPP）來看，
這已經發生了；購買力平價是透過消除各國貨幣匯率波動造
成的扭曲，來比較不同國家的經濟產量。根據國際貨幣基金
（IMF）的數據，中國 2019 年的 GDP 經 PPP 調整後，比美國
高出約 32%。

　　如果改用人民幣兌美元的匯率，美國就會遙遙領先：美
國 2019 年的 GDP（21.4 兆美元）會比中國（14.1 兆美元）高
出約 50%。但即使中國的 GDP 成長近來放緩（從兩位數掉到
官方宣稱的一年成長 6 至 7%，而實際上不到這個數字），仍
然比美國的成長率高出相當多。因此中國成為世界第一是遲早
的事，即使是名目上的。

　　邁向第一之路起始於 1978 年，當時中國欣然接受經濟現

代化，脫離三十年來的嚴重管理失當。幾十年來，中國一直是世界最大的穀物、煤和水泥生產國，多年來也一直是一般製成品，尤其是消費性電子產品的主要出口國。中國是世界上人口最多的國家（在 2016 年有 14 億人），而現代化的新經濟需要同樣大量的產出，這沒什麼好驚訝的。

但相對來看，中國算不上富裕：世界銀行慷慨計算出的購買力平價，讓中國 2019 年的人均 GDP 達到 19,504 美元，全球排名 73，僅次於蒙特內哥羅（Montenegro）和阿根廷，領先多明尼加、加彭及巴貝多，名次並不亮眼。大家都知道中國的有錢人在溫哥華和倫敦置產，在巴黎拉法葉百貨（又稱老佛爺百貨）購買鑲鑽名錶，但這些人只占極少數。

用 GDP 和暴發戶的人數當作衡量中國實際生活品質的標準，會產生誤導。中國的環境一直在惡化，城市空氣汙染極其嚴重：根據世界衛生組織的標準，直徑小於 2.5 微米（μm）的細懸浮微粒（也就是 PM2.5）的最大容許濃度，是每立方公尺空氣中含 25 微克（μg），但中國有許多城市已經屢次超過 500 $\mu g/m^3$，有些城市的最大值甚至突破 1,000 $\mu g/m^3$。2015 年，北京的平均濃度為 80 $\mu g/m^3$，而紐約市還不到 10 $\mu g/m^3$。這麼高的汙染物濃度，會增加呼吸道疾病和心臟病發生率，縮短預期壽命。

水汙染在中國也很普遍。生活在中國農村地區的人，有將近一半缺乏現代下水道設施。中國的人均可耕地少於印度，而又不像可耕地更小的日本，中國絕對不可能大量仰賴進口。中國的石油及天然氣資源不如美國充沛，近年原油進口占了總消耗量的六成以上,美國現在卻只是次要的進口國。

　　此外,這個在人口稠密的沿海省分迅速新建許多核反應爐的國家,如果發生類似福島核災的災難,或是從其中一個大眾化傳統菜市場爆發的又一場大流行病,後果不堪設想。

　　最後一點,中國人口高齡化的速度很快,結果人口優勢已經逐漸消失,這正是共產黨在 2015 年中止一胎化政策的原因。從事經濟生產人口與經濟依賴人口的比率,在 2010 年達到最高點,而當比率逐漸下降,中國的產業活力也隨之下滑。

　　我們先前都看過了。1990 年的日本,以挑戰整個西方世界之姿崛起,再比較一下 2020 年、經過三十年經濟停滯之後的日本(參見〈對日本未來的憂慮〉,第 75 頁)。透過這樣的觀察,也許能很好的對照出 2020 年的中國與 2050 年的中國。

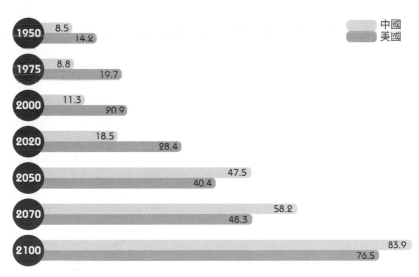

圖 17　中國與美國的扶老比

印度 vs. 中國

　　印度會不會位居第一？印度很有可能在不久的將來取代中國，成為全世界人口最多的國家。問題在於印度是否也會崛起，挑戰中國的經濟強國地位。

　　中國歷朝歷代統治的人民總數，超越了至少從羅馬帝國分裂以來的任何一個政府。1912 年，中國最後一個王朝統治結束時，約有 4.28 億人；1949 年共產黨掌權時，有 5.42 億人；到 2000 年，有 12.7 億人；而到 2019 年年底，約有 14 億人。1979 年實行，2015 年中止的一胎化政策，直接導致人口成長率放慢（見上一章）。在此期間，印度人口則從 1950 年的 3.56 億，增加到 2000 年的 10.5 億，到 2019 年年底再增長至 13.7 億。

　　中國的人口優勢一直在快速縮減，而考量到短期人口統計預測的可信度，不難看出印度總人口會在 2025 年之前（根據聯合國最新的中位數預測值），最快也許是在 2023 年，就超越中國。

　　把這兩個人口超過十億的國家拿來比較，會十分有趣。兩國都選擇性的讓許多女胎流產，導致出生性別比異常；正常的男嬰對女嬰比值是 1.06，但印度達到 1.12，中國更高達 1.15。

　　這兩個國家都有層出不窮的貪腐問題：國際透明組織（Transparency International）最新的清廉印象指數（Corruption Perceptions Index），把印度與中國並列在 180 個納入評比國家裡的第 80 名（最清廉的國家是丹麥，而最腐敗的是索馬利亞）。

　　以吉尼指數（Gini index）衡量所得分配程度，兩國的貧富差距非常大，印度大約是 48，中國是 51（相較之下，丹麥是 25，英國是 33，而美國是 38）。此外，兩個國家裡的有錢階級都會炫富、互比闊綽、收藏名車豪宅。信實工業（Reliance Industries Limited）董事長安巴尼（Mukesh Ambani）擁有全球最貴的私人豪宅；他的二十七層高樓豪宅「安迪利亞」（Antilia）於 2012 年完工，能把孟買大片的貧民窟盡收眼底。

　　然而還是有一些根本的差異。1980 年以來的快速經濟成長，讓中國變成兩國當中比較富裕的國家。根據國際貨幣基金對 2019 年的估計，中國的名目 GDP 是印度的將近五倍（14.1 兆美元 vs. 2.9 兆美元）。依國際貨幣基金的資料，若以購買力平價來衡量，中國 2019 年的人均 GDP 是印度的兩倍多（20,980 美元 vs. 9,030 美元）。

　　另一方面，中國是個一黨專政的國家，由七個上了年紀的政治局常委把持，而印度仍舊是非常不完美卻民主的政體，這點是無可否認的。在 2019 年，人權組織自由之家（Freedom House）給印度的自由度評分為 75 分，而中國只獲得 11 分（英國拿到 93 分，加拿大 99 分）。

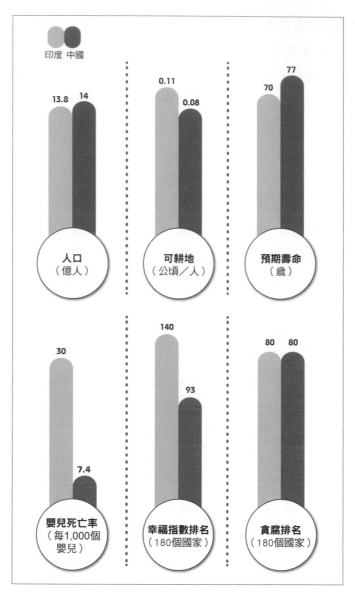

圖 18 印度 vs. 中國（2020 年）

還有一個對照同樣可以透露一些事情：中國在高科技方面的最高成就之一，就是運用嚴密的網際網路審查制度與非常侵入性的監控系統，當作新時代無所不在的社會信用體系的一部分；印度在高科技方面的重大成就之一，則是對國內外高科技公司的領導能力，做出了大到不成比例的貢獻。許多印度移民已經在矽谷占有領導地位，隨便舉幾位最知名的：谷歌執行長皮查伊（Sundar Pichai）、微軟執行長納德拉（Satya Nadella）、奧多比（Adobe）總裁兼執行長納拉延（Shantanu Narayen）、晶圓代工廠格芯（GlobalFoundries）前執行長吉哈（Sanjay Jha）等等。

　　觀察印度能夠把中國在經濟上的成功複製到什麼程度，會是十分有趣的事。

　　至於中國，則必須因應消失的人口紅利：2012 年以來，中國的扶養比（工作年齡人口數除以無法工作的幼年或老年人口數）就一直在升高，現在剛超過 40%。問題在於，中國會不會在真正變得富裕之前就高齡化了。中國和印度都有嚴重的環境問題，也都將面臨養活國內人口的考驗，然而印度的耕地大約比中國多出 50%。

　　最後一個麻煩事是：這兩個核武強國還沒有簽署具有約束力的協定，終止兩國對喜馬拉雅山區領土劃分的紛爭。他們為此事已經發生過衝突，尤其是 1962 年。當崛起強國之間的邊界有爭端，情勢可能就會變得棘手。

　　然而，這種衝突並不是印度接下來最大的挑戰。更迫切的是，必須盡快進一步降低生育率（在其他條件都相同的情況

下，這會提高人均所得）、維持基本糧食自給自足（人口超過
14 億的國家太大了，難以仰賴進口）、想辦法解決國內印度教
徒和穆斯林之間日益惡化的關係。

為什麼製造業仍然很重要

　　製造業已經變得既大又小了。從 2000 到 2017 年，全球製成品的產值從 6.1 兆美元升到 13.2 兆美元，增加了一倍多，同時，製造業的相對重要性卻迅速下滑，步上先前農業衰退的後塵（如今農業只占世界經濟生產總值的 4%）。根據聯合國一致的國家統計資料，製造業對全球經濟生產的貢獻從 1970 年的 25%，縮減到 2017 年的 16% 不到。

　　股市已經反映出縮減的趨勢，許多服務業公司的估價都高於最大的製造業公司。到 2019 年年底，持續供應自拍照的臉書（Facebook）在股票市場上的資本額上看 5,750 億美元，幾乎是全球第一大小客車製造商豐田的三倍。另外，歐洲最大軟體供應商思愛普（SAP）的市值，比歐洲最大的噴射客機製造商空中巴士（Airbus）大約高出六成。

　　然而製造業對一國經濟的健康狀況仍然很重要，因為沒有其他產業能創造出這麼多的高薪工作。就拿臉書和豐田來說吧，臉書在 2019 年底有大約 4.3 萬個員工，而豐田在整個 2019 會計年度有約 37 萬個員工。產品製造還是很重要。

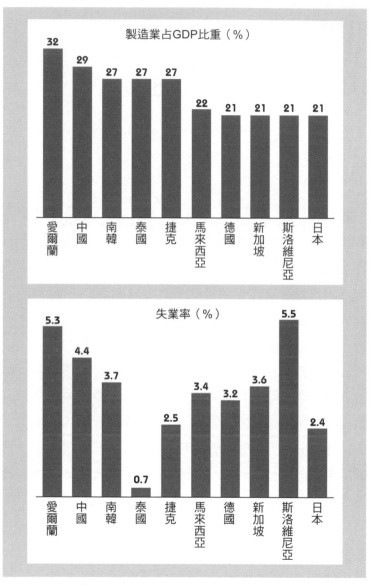

圖 19　製造業創造就業機會：前十大製造業國家當中只有兩
國近期失業率超過 5%

前四大經濟體同時也是前四大製造業強國，而且大約占了2018 年世界製造業產量的 60%，中國位居榜首，約占 30%，其次是美國，約占 17%，然後是日本和德國。但在這些國家中，製造業對各自經濟的相對重要性有明顯差異；製造業在2018 年為中國的 GDP 貢獻了超過 29%，同年日本和德國的製造業占比約為 21%，在美國只占了 12%。

如果用製造業人均產值排名，那麼在這四個強國之中，2018 年就是德國以 10,200 美元左右居首，日本居次，約 7,900美元，再來是美國，約 6,800 美元，而中國只有 2,900 美元。

不過，現在領先全球的是愛爾蘭。這個國家在 1973 年加入歐盟（當時稱為歐洲經濟共同體）之前，只有很小規模的製造產業。愛爾蘭的低公司所得稅（12.5%）吸引了很多跨國公司，現在這些跨國公司生產了愛爾蘭九成的製成品出口，而愛爾蘭一年的製造業人均產值超過 2.5 萬美元，高出瑞士的 1.5萬美元。想到瑞士製造業，你會想到藥廠諾華（Novartis）和羅氏（Roche），或鐘錶斯沃琪集團（Swatch Group，旗下包括浪琴、歐米茄、天梭等知名品牌）。當你想到愛爾蘭製造業，則會想到蘋果、嬌生或輝瑞，全是外國企業。

製成品占商品總貿易九成以上的國家不只有中國和愛爾蘭，還包括了孟加拉、捷克、以色列與南韓。德國的占比接近九成，而美國不到七成。

製成產品的國際貿易淨差額也能透露一些訊息，因為它指出了兩件事：一個國家所能滿足自身產品需求的程度；以及國外對該國產品的需求。瑞士、德國和南韓正如預期，有很大的順差，而美國 2018 年的商品貿易逆差是 8,910 億美元，或平均每人約 2,700 美元，又創下歷史新高——這些錢是換取從亞洲進口的電子產品、衣服、鞋子、家具和廚房用品所付出的代價。

但在 1982 年之前，美國曾經歷好幾代的製造業貿易順差；中國在 1989 年之前，卻長期處於逆差。美國補救它對中國的嚴重製造業貿易失衡的機會有多大？印度複製中國在製造業方面成功的可能性有多大？

俄羅斯與美國：
有些事永遠不會改變

　　二十一世紀的第二個十年，俄羅斯與美國之間緊張情勢升高，而這只是超級大國長久較勁的最新輪迴。2019 年 8 月，美國退出冷戰時期與俄羅斯簽署的〈中程核飛彈條約〉（Intermediate-Range Nuclear Forces Treaty）；現在雙方都在研發新飛彈，而且兩國對於曾屬蘇聯的烏克蘭的未來爭吵不休。

　　回顧過去，會發現兩國間數十年對峙的決定性一刻，顯然就發生在 1957 年 10 月 4 日星期五，蘇聯發射第一顆人造衛星史普尼克一號（Sputnik 1）之後。

　　嚴格說來，這顆人造衛星不大：它是個直徑 58 公分、差不多 84 公斤重的球體，而且長出四根桿狀的天線。它的三個銀鋅電池雖然占了總重量的六成左右，但額定功率只有 1 瓦，足夠供三週內發送頻率 20.007 百萬赫與 40.002 百萬赫的急促刺耳嗶嗶聲。這顆衛星在 1958 年 1 月 4 日墜毀前，共繞行地球 1,440 次。

　　史普尼克一號的出現應該不是什麼出人意料的事。蘇聯與美國在國際地球物理年（1957 至 1958 年）期間，都已經展露出他們想把人造衛星送上軌道的企圖，蘇聯甚至在發射前就公布了一些技術細節。但在 1957 年年底時，世人並不覺得史普尼克一號只是一顆會發出嗶嗶聲的小球。

西方世界的反應是欽佩，美國則是覺得難堪。12 月時美國為了還擊史普尼克效應，倉促排定先鋒測試三號（Vanguard TV3）在卡納維爾角發射升空，結果火箭離地才兩秒就在發射台上爆炸，又加深了這種難堪的感受。蘇聯駐聯合國代表團成員還詢問美國駐聯合國的代表，願不願意在蘇聯的未開發國家

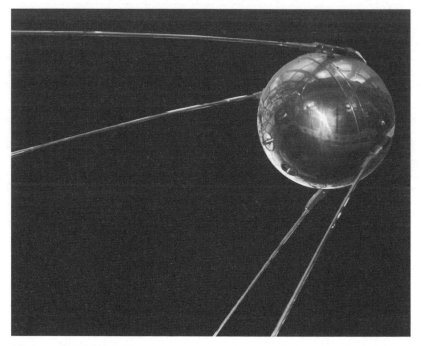

圖 20　史普尼克一號

計畫下取得技術協助。

這種當眾威信掃地的難堪，讓美國人要求加快自己的太空計畫，消除他們感受到的技術落後，提升數學與科學教育。美國學校系統受到的衝擊，也許是美國史上最大的衝擊。

對我來說，這一切有重大的個人意義。1957 年 10 月，我還是個生活在捷克斯洛伐克的青少年，每天上學的時候，我都會隔著刺鐵絲網與雷區，遙望著去不了的西德，彷彿它是另一個星球。蘇聯第一書記赫魯雪夫（Nikita Khrushchev）先前才剛對西方世界說：「我們會埋葬你們。」如今他自吹自擂共產主義的科學與工程是舉世最好的，而美國近乎恐慌的反應正好支持了他的論點。蘇聯最近期的這次實力展示，讓許多人擔心我們這一代人可能不會看到它落幕。

但事實證明，根本沒有真正的科學或工程差距：在發射通訊衛星、氣象衛星、間諜衛星方面，美國很快就獲得決定性的首要地位。在史普尼克一號帶來驚惶之後不到十二年，阿姆斯壯（Neil Armstrong）和艾德林（Buzz Aldrin）就登上月球——這是蘇聯太空人未能到達的地方。

史普尼克一號成功發射十一年後，捷克斯洛伐克嘗試改革，發起了「布拉格之春」運動，想採行較為自由的共產黨自治方式。即使只有很短暫的時間，蘇維埃帝國在這段期間確實式微了。布拉格之春失敗後，甚至連非共產黨員的捷克人也能拿到護照前往西方，於是在 1969 年 8 月，我和妻子飛抵紐約，幾週之後邊界又再度關閉，一關就是二十年。

1975 年，也就是我們從美國移居加拿大後不久，新落成的溫尼伯會議中心（Winnipeg Convention Center）舉辦了第一場大型展覽，展出蘇聯時代的太空計畫，史普尼克一號的原寸模型就用金屬線吊在大廳上方。

當我搭著電扶梯仰望那顆閃閃發亮的球體，彷彿回到1957 年 10 月 4 日，對我來說，那個時候這顆會嗶嗶作響的衛星所代表的，不是引以為豪的工程與科學成就，而是對蘇維埃政權在我有生之年會繼續存在的恐懼。

我們逃離這道恐懼了，但正如這句法國諺語所說的，plus ça change, plus c'est la même chose（萬變不離其宗）。

衰亡的帝國：
太陽底下沒有新鮮事

　　不論是真正的帝國（有皇帝或女皇），還是實質上的帝國（由經濟實力與武裝力量定義，並由力量投射[*]和改換結盟國家來維持），經營一個帝國從來就不是容易的事。帝國的壽命很難比較，因為各有各的集權化程度，而且有效領土、政治與經濟控制的實際行使也不同。但有一項發現很引人注意；儘管主要國家的軍事、技術與經濟能力不斷增強，但要長期維持大帝國已經變困難了。

　　2011 年，時任哈佛大學量化社會科學研究所研究員的阿貝斯曼（Samuel Arbesman），分析了存在於公元前 3000 年到公元 600 年之間的 41 個帝國的壽命，他發現這些古代帝國平均維持了兩百二十年，但國祚的分布非常偏斜，壽命兩百年以上的帝國數量，大約是存活了八個世紀的帝國的六倍。此外，三個最長壽的帝國，即美索不達米亞的伊蘭（Elam）王國（長達

---

[*]　編注：力量投射為政治學術語，表示可在本土以外的地方展現武力及威脅。

十個世紀），和埃及的古王國與新王國（各長達五個世紀），
它們達到全盛期都是在公元前 1000 年以前（伊蘭在公元前
1600 年左右；埃及的古王國與新王國分別在公元前 2800 年和
公元前 1500 年）。

　　公元 600 年以後不乏帝國，只是細究之下沒發現長壽的帝
國。當然，中國在 1911 年之前一直保持某種形式的帝國統治，
但當中包含了十二個朝代，包括外族入侵者建立的王朝，也就
是蒙古人的短暫元朝（1279–1368）[†] 與滿清（1644–1911）[‡]，
這些朝代統治的疆域大小不一，也行使不同程度的控制權，對
於漢族核心區域以外的北方和西方領土權的主張往往很薄弱。

　　西班牙帝國與大英帝國的起訖時間有很大的疑義。如果以
1492 年當作西班牙帝國的起點，1810 年當作實質上的終點，
就代表馬德里統治了三百多年（或從 1584 年由艾斯科里亞〔El
Escorial〕皇家修道院統治之後開始算）。

　　至於大英帝國的起訖時間，應該從 1497 年卡伯特（John
Cabot）向北美洲出航起算，還是從 1604 年簽訂〈倫敦條約〉，
結束與西班牙的戰爭起算？先不談安圭拉島（Anguilla）、特
克斯與凱科斯群島（Turks and Caicos）等餘留下來的海外領
土，它到底是結束於 1947 年失去印度，還是結束於 1960 年，
非洲人口最多的國家奈及利亞宣布獨立之時？用比較晚的起訖
年分算出來的結果是 356 年。

[†]　編注：忽必烈 1271 年定國號為「大元」，1279 年滅南宋。
[‡]　編注：清軍 1644 年入關。1911 年爆發革命，中華民國政府於 1912 年 1
　　月 1 日成立，同年 2 月 12 日滿清最後一個皇帝浦儀宣布退位。

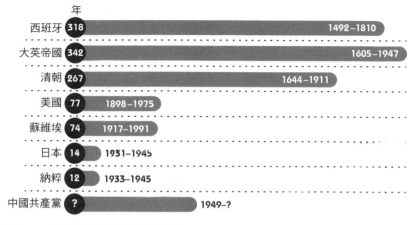

圖 21　近代（眾）帝國的壽命

　　沒有一個帝國能夠撐過整個二十世紀。中國的最後一個朝代清朝，在統治了 267 年之後，於 1911 年結束，而共產黨的新帝國在 1949 年才建立起來。繼承了羅曼諾夫王朝（Romanovs）的蘇維埃帝國，最後重獲以前由沙皇統治所大部分領土的控制權（芬蘭與波蘭部分地區是主要的例外），第二次世界大戰後，它的統治範圍隨著鐵幕籠罩了波羅的海到黑海的區域，而擴大到東歐及中歐國家。

　　冷戰期間，蘇維埃帝國在北約組織與華府決策者的眼中很強大，但從內部（我在那裡一直生活到 26 歲為止）看來並沒那麼難對付。即使如此，最後它不太費力就解體了，這點還是很令人詫異；從 1917 年 11 月的第一週，到 1991 年 12 月的最後一週，這個帝國撐了 74 年又 1 個月，差不多是歐洲男性的平均壽命。

幸運的是，日本和德國的侵略行動更加短暫。日軍在1931 年 9 月開始占領滿洲；從 1937 年開始，軍隊接管了中國東部的幾個省分；從 1940 年開始，日軍又接管了越南、柬埔寨、泰國、緬甸，以及現今印尼幾乎所有的區域；1942 年 6 月，日本軍隊占領了阿圖島（Attu，位於阿拉斯加阿留申群島最西端的島嶼）與阿圖島以西約 300 公里的基斯卡島（Kiska）。這兩個最西邊的前哨基地，短短 13 個月後就失守了，日本則在 1945 年 9 月 2 日簽署降書；因此，日本帝國擴張維持了將近 14 年。同時，期望長存一千年的德國第三帝國，在 1933 年1 月 30 日希特勒成為總理之後 12 年又 3 個月，就煙消雲散了。

還有美國「帝國」？縱然確信它真的存在，也確定它起始於 1898 年（美國向西班牙宣戰，並接管菲律賓、波多黎各和關島），我們該不該相信它依然狀況甚佳？

第二次世界大戰是美國獲得決定性勝利的最後一次主要戰爭，其餘（韓戰、越戰、阿富汗戰爭、伊拉克戰爭）則因損失慘重，難以歸類成是戰勝，還是雙方都疲憊不堪。甚至連1990 至 1991 年間短暫的波斯灣戰爭中，也不是明顯戰勝，因為戰事（在十二年後）直接導致英美聯合入侵伊拉克，以及持續多年（2003–2011）血流成河的僵局。

此外，美國從 1945 年的反常全盛期之後（當時其他所有的主要經濟體都受戰爭破壞或耗盡），在全球經濟產量的比重就開始不斷下滑，而且在所謂的美國帝國軌道上，有太多國家幾乎沒有要同意並追隨的意思。毫無疑問，它不是一個可確定起訖時間的「帝國」。

再者，誰會最密切注意帝國衰亡的這些教訓？顯然是試圖鎮壓西藏與新疆的中國共產黨，它的政策一直沒有替自己在鄰國當中贏得任何真正的朋友，這導致它過於伸入南海，而且決定大手筆投資較貧窮的亞洲及非洲國家（一帶一路），目的是要買下長期的政治影響力。2019 年 10 月，中國共產黨慶祝這個帝國統治的最新輪迴建立七十年：鑑於現代帝國壽命的過往紀錄，它七十年後還在的可能性有多大？

機器、設計、裝置

打造出現代世界的發明

1880 年代如何創造出
我們的現代世界

　　根據電子世界狂熱崇拜者的說法，二十世紀後期和二十一世紀的頭兩個十年，帶給我們數量多到前所未見的深奧發明。但這是一種誤解，因為最近期的進展其實源自兩個比較早的基本發現，只是它們的變化版：一個是微處理器（參見〈發明積體電路〉，第 125 頁），另一個則是運用無線電波（電磁波譜的一部分）。如今，從工業用的機器人、噴射客機的自動駕駛儀、爐灶配備到數位相機等一切東西，都由功能更強大、更專門的微晶片來執行，而最受歡迎的行動通訊全球品牌，一直在使用超高頻無線電波。

　　事實上，人類歷史上最善於創新的時期也許就是 1880 年代。還有什麼重要發明與劃時代發現，比電力和內燃機更能塑造出現代世界？

　　沒有微晶片，單憑電力就足以打造出一個複雜又富足的世界；早在 1960 年代就有這樣的世界。然而，由微晶片統治的電子世界全靠電力供應，供電的基礎設計仍仰賴火力發電與水力發電系統，這兩種系統都是在 1882 年進入商業市場，今天依然提供全球超過八成的用電。我們很希望至少在 **99.9999%** 的時間裡有電可用，這樣電力才能當作所有電子產品的基石。

再加上汽油燃料引擎的成功，也就是賓士、邁巴赫和戴姆勒這三位工程師的功績，激發狄塞爾（Rudolf Diesel）在十年後提出效率更高的替代方案（參見〈為什麼現在還不要放棄

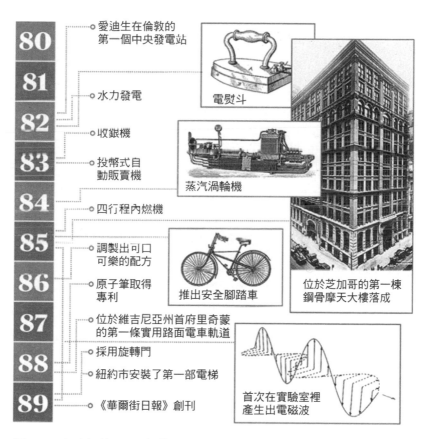

80 ○ 愛迪生在倫敦的第一個中央發電站

81 ○ 水力發電 — 電熨斗

82 ○ 收銀機

83 ○ 投幣式自動販賣機 — 蒸汽渦輪機

84 ○ 四行程內燃機

85 ○ 調製出可口可樂的配方

86 ○ 原子筆取得專利 — 推出安全腳踏車 — 位於芝加哥的第一棟鋼骨摩天大樓落成

87 ○ 位於維吉尼亞州首府里奇蒙的第一條實用路面電車軌道

88 ○ 採用旋轉門
○ 紐約市安裝了第一部電梯

89 ○《華爾街日報》創刊 — 首次在實驗室裡產生出電磁波

圖 22　奇蹟般的 1880 年代

柴油〉，第 113 頁）。到十九世紀末，我們也初步設計出效率最高的內燃機：燃氣渦輪機。此外在 1880 年代，赫茲（Heinrich Hertz）的實驗證明了電磁波（產生自電場和磁場的振盪）的存在；電磁波有各種不同的波長，按順序可從非常短的宇宙射線、X 射線、紫外線、可見光、紅外線，排到較長的微波與無線電波。雖然馬克士威早在幾十年前就預測到電磁波存在，但在我們的無線世界開創出應用機會的人卻是赫茲。

不過，1880 年代也以許多比較次要的方式打入我們的生活。十多年前，我在《創造二十世紀》（*Creating the Twentieth Century*）這本書中，藉由源自那個非凡年代的平凡器物與行為，來描繪美國人的一些日常經歷。

今天一早，美國某座城市有位女士醒來，沖泡了一杯麥斯威爾即溶咖啡（1886 年上市），一邊考慮要不要吃她最愛的潔米瑪姑媽（Aunt Jemima）煎餅（1889 年開賣），但最後選了即沖即食桂格大燕麥片（1884 年上市）。她用電熨斗（1882 年獲得專利）整熨一下襯衫，擦一點止汗劑（1888 年上市），但沒辦法打包午餐，因為她的牛皮紙袋用完了（生產牛皮紙的製程在 1880 年代達到商業化）。

她搭乘（從 1880 年代開始服務美國大城市的有軌電車直接演變而來的）輕軌運輸系統通勤往返，差點被一台腳踏車撞倒（前後輪一樣大且由鏈條帶動的現代版腳踏車，也是 1880 年代的產物，參見〈引擎比腳踏車更古老！〉，第 180 頁），然後她通過旋轉門（1888 年使用於費城的一棟大樓裡），走進一座鋼骨摩天大樓（第一棟摩天大樓在 1885 年於芝加哥落成）。她在一樓的書報攤前停下腳步，向一位男士買了一份《華爾街日報》（1889 年創刊），男士把收到的金額輸入收銀機（於 1883 年取得專利）。接著她搭電梯到十樓（1889 年在紐約市的一棟建築物裡安裝了第一部電梯），在自動販賣機前佇足（現代版的自動販賣機在 1883 年推出），投幣買了一罐可口可樂（配方是在 1886 年調製出來的）。她在開始工作之前，先用原子筆（於 1888 年取得專利）隨手記下幾件提醒事項。

　　儘管大多數人沉迷在極短暫的推文和臉書的閒言閒語中，絲毫沒有意識到這份平常恩情的真實範圍，但 1880 年代宛如奇蹟一般；那十年給了我們止汗劑、花費不高的照明、可靠的電梯、電磁理論等截然不同的貢獻。

電動馬達如何驅動現代文明

　　電氣裝置在 1880 年代進步得非常快，那十年間，開始有發電廠、耐久的燈泡與變壓器，但電動馬達（俗稱馬達）的進展在大部分時候都是落後的。

　　初步的直流馬達可以追溯到 1830 年代，當時佛蒙特州的戴文波特（Thomas Davenport）取得美國第一台馬達的專利，並用它來讓印刷機運轉，而聖彼得堡的雅可比（Moritz von Jacobi）則用他的馬達，發動涅瓦河（Neva River）上的小型明輪船，但那些用電池的裝置無法和蒸汽動力競爭。

　　再經過了數十年，愛迪生（Thomas Edison）終於把製造模板的電筆商業化（1876 年取得專利），用於複寫辦公文件；電筆本身也是由直流馬達驅動的。1882 年之後，商業發電開始普及，馬達也愈來愈普遍，到 1887 年，美國製造商每年大約可銷售 1 萬組，其中一部分用來讓第一批電梯運轉。不過，這些馬達全都是靠直流電運轉的。

　　愛迪生的前員工，出生於塞爾維亞的特斯拉（Nikola Tesla，或譯特士拉），後來創立了自己的公司，開發可利用交

圖 23　年輕時的特斯拉

流電運轉的馬達，目標是節約、耐久、容易操作與安全。然而
特斯拉並不是第一個公開的：1888 年 3 月，義大利工程師費
拉里斯（Galileo Ferraris）在位於杜林（Turin）的皇家科學院，
以交流馬達為題作了演講，一個月後發表了自己的發現結果。
又隔一個月，特斯拉才在美國電機工程師學會作了類似的演
講。不過特斯拉在美國投資者的慷慨資助下，不但設計出交流
感應馬達，還設計了必需的交流變壓器與配電系統。他替多相
馬達（polyphase motor）申請的兩項基本專利，在 1888 年核准，

到 1891 年，他已經提出三十幾項申請。

在多相馬達裡，定子（stator，固定不動的外罩）內的每個電磁極都有多個繞組（winding），而各個繞組載有頻率與振幅相同、但相位彼此不同的交流電（在三相馬達中，繞組間的相位差是三分之一個週期）。

1888 年 7 月，西屋公司（Westinghouse Co.）創辦人威斯汀豪斯（George Westinghouse）收購了特斯拉的交流電專利，一年後，西屋開始販售世界第一個小型電器：由 125 瓦交流馬達驅動的風扇。特斯拉的第一項專利，是二相馬達的專利。

現代家庭仰賴的小型馬達很多是單相的。效率更高的大型三相馬達，則在工業應用上很常見，這要歸功於德國電器公司 AEG 擔任首席電機技師的俄國工程師多布羅沃斯基（Mikhail Osipovich Dolivo Dobrovolsky），他在 1889 年製造了第一個三相感應馬達。

如今，小型非工業用馬達每年的銷售量大約是 120 億個，其中包括約 20 億個使用於手機振動警示的微型直流裝置，直徑小到 4 公釐，電力需求只有幾分之一瓦而已。應用範圍的另一端，是驅動法國高速列車（TGV）的 6.5 百萬瓦至 12.2 百萬瓦馬達；而使用於功率壓縮機、風扇及傳送裝置的最大型固定式馬達，功率則超過 60 百萬瓦。像這樣無所不在再加上功率範圍廣，讓我們清楚看到，馬達是現代文明真正不可或缺的能量增強劑。

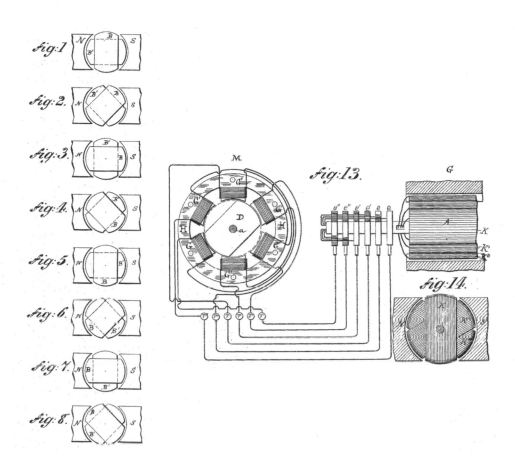

圖 24　特斯拉為交流馬達申請美國專利時所附的圖解

變壓器——默默工作、
受到埋沒的被動元件

　　我向來不喜歡把即將出現的科學技術突破，如便宜的核融合、價廉的超音速旅行、把其他行星的環境地球化等等，講得言過其實。但我喜歡肩負很多現代文明基礎工作的簡單裝置，尤其是那些做得很謙抑，甚至很不顯眼的元件。

　　沒有哪個元件比變壓器更符合這項描述了。非工程師人士或許依稀意識到這種裝置的存在，但並不清楚運作原理，也不知道這些元件在日常生活中有多麼不可或缺。

　　1830 年代初期，法拉第與亨利（Joseph Henry）各自獨立發現了電磁感應現象，打下理論基礎；他們指出，變化中的磁場會產生出電壓較高（稱為「升壓」）或電壓較低（「降壓」）的感應電流。但還要再過半個世紀，古拉爾（Lucien Gaulard）、吉布斯（John Dixon Gibbs）、布拉許（Charles Brush）和傅倫第（Sebastian Ziani de Ferranti）才設計出第一個有用的變壓器原型。接著，由三位匈牙利工程師，布拉西（Ottó Bláthy）、戴里（Miksa Déri）、齊帕諾斯基（Károly Zipernowsky）改進了設計，製造出形狀像甜甜圈的環形變壓器，並於 1885 年展示。

就在隔年，威斯汀豪斯旗下的三位美國工程師，史丹利（William Stanley）、施密德（Albert Schmid）與夏倫伯格（Oliver B. Shallenberger），提出更好的設計。這個元件很快就採用了經典史丹利變壓器的形式，從那時起就一直保持：中央有個由薄矽鋼片疊製而成的鐵心，有一半的形狀像字母 E，另一半的形狀像大寫字母 I，方便讓已捲繞好的銅線圈滑到定位。

　　史丹利 1912 年在美國電機工程師學會演講，就讚嘆這個元件提供了「一勞永逸解決某個難題的簡單辦法。它讓所有的機械調整嘗試都相形見絀；它以極輕鬆、確實又經濟的方式，處理瞬間輸入或輸出的大量能量；它真是非常可靠、有效又確實。在這個鋼銅混合體中，非凡的力量之間恰好達到平衡，讓人幾乎想不到。」他的說法公正合理。

　　這種經久耐用的設計在現代有著諸多化身，其中最大型的讓電力可以遠距離輸送。2018 年，西門子向中國交付了第一部升壓至 110 萬伏特的變壓器，像這樣破紀錄的變壓器共有七部，可透過一條將近 3,300 公里長的高壓直流線路，供電給連接到這條線路的幾個省。

　　由於必須充電的行動電子裝置劇增，單單變壓器的數量就已增長到史丹利可能無法想像的程度。2016 年，全球光是智慧型手機的產量就超過 18 億支，每支手機都配有一個內含微型變壓器的充電器。不必拆開手機充電器，你就可以看到這個小裝置的核心：有人在網路上貼出了完整的 iPhone 充電器拆解，變壓器正是其中最大的元件之一。

　　但許多充電器裡有更小的變壓器，這些是利用壓電效應

圖 25　世界上最大的變壓器：西門子為中國研發製造的變壓器

（piezoelectric effect）的非史丹利（非線繞）元件；壓電效應就是指發生應變的晶體產生出電流的能力，以及電流讓晶體產生應變或變形的能力。打在這種晶體上的聲波可以產生電流，而流過這種晶體的電流可以產生聲音，靠這種方法，就可以用一股電流產生另一股電壓差很大的電流。

　　最新的發展是電子變壓器。與傳統變壓器比起來，電子變壓器的體積與質量小了很多，而且對於將來把風與太陽這類間歇性的供電來源整合到電網，以及要做到直流微電網，電子變壓器會變得格外重要。

為什麼現在還不要放棄柴油

　　1897 年 2 月 17 日，慕尼黑工業大學理論工程學教授施羅特（Moritz Schröter）針對狄塞爾發明的新引擎，進行官方檢驗測試。測試的目的是驗證這種機器的效率，進而證實它適合商業化開發。

　　這具 4.5 公噸重的引擎效能非常好：在 13.4 千瓦（18 馬力，相當於一台現代小型摩托車）全功率輸出時，淨效率達到 26%，遠勝過當代任何的汽油引擎。狄塞爾顯然感到自豪，寫信給妻子：「我的引擎設計所達到的效能無人能及，所以我可以自豪的認為，我是這個專業的第一人。」同年稍晚，引擎淨效率達到 30%，也就等同於當時汽油燃料奧圖引擎（Otto engine）效率的兩倍。

　　長時間下來，這種效率的差距縮小了，但今天的柴油引擎效率仍然比汽油引擎高出至少 15 至 20%。柴油引擎有幾個優點：它們使用的燃料能量密度較高，和相同體積的汽油相比，柴油所含的能量高出近 12%，因此在油箱容量相同的情況下，車輛跑得比較遠；柴油引擎的自燃現象涉及的壓縮比是汽油引擎的兩倍,這會讓燃燒較完全,排放的廢氣溫度較低;它們可用燃燒品質較差、價格也較便宜的燃料;現代的電子噴射系統可在高壓下把燃料噴進引擎汽缸,因而提高效率,讓廢氣變得較乾淨。

但令人失望的是,在 1897 年的創紀錄測試之後,柴油引擎並沒有迅速進行商業化運用。狄塞爾推斷自己有「一台極有銷路的機器」,而且「剩下的將能靠著自身價值自然發展」,這結論大錯特錯。直到 1911 年,丹麥的西蘭號(*Selandia*)才成為第一艘柴油引擎動力的遠洋貨輪,而要等到第一次世界大戰之後,柴油引擎才主宰了航運。重型鐵路牽引是柴油引擎征服的第一個領地,緊接著是重型道路運輸工具、越野車輛及營造機械與農業機械。第一輛柴油汽車賓士 260 D,在 1936 年問世;今天在歐盟,柴油車大約占了小客車的四成,但在汽油價格較便宜的美國只占三成。

狄塞爾最初希望把主要由小型獨立生產者使用的小型引擎,視為產業分權化的工具,但在一百二十多年後,事實卻恰恰相反。柴油引擎無疑是大規模集中式工業生產的促成者,也是不可替代的全球化推動者。柴油引擎驅動了幾乎所有的貨櫃船、所有的運載車輛,以及運輸石油、液化天然氣、礦砂、水泥、化學肥料、穀物等散裝物資的工具,為幾乎所有的卡車與貨運列車提供動力。

本書讀者所吃所穿的大多數東西,會由柴油引擎驅動的車輛運送至少一次,通常是多次,而且往往來自其他大洲的國家:衣服來自孟加拉,柳橙來自南非,原油來自中東,鋁土礦

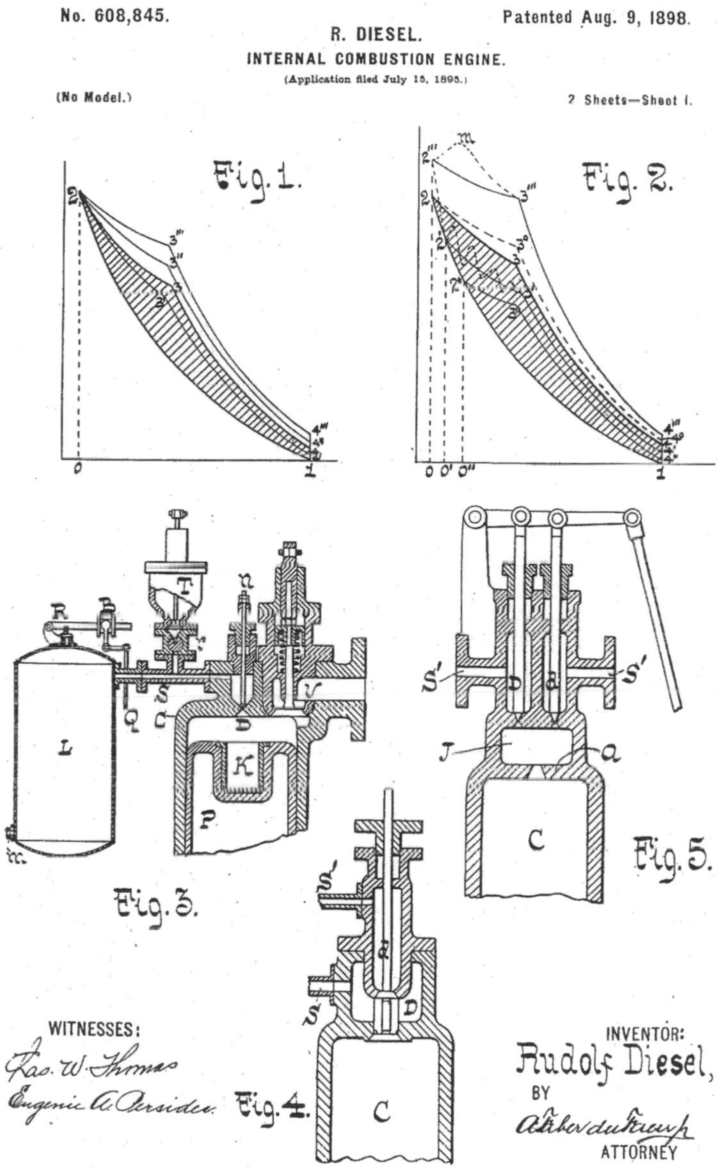

No. 608,845.　　　　　　　　　　　　　Patented Aug. 9, 1898.

R. DIESEL.
INTERNAL COMBUSTION ENGINE.
(Application filed July 15, 1895.)

(No Model.)　　　　　　　　　　　　　　　　　2 Sheets—Sheet I.

Fig. 1.　　　　Fig. 2.

Fig. 3.　　Fig. 4.　　Fig. 5.

WITNESSES:

Jas. W. Thomas

Eugenie A. Aersider

INVENTOR:
Rudolf Diesel,
BY
Arbor du Krauf
ATTORNEY

圖 26　狄塞爾新型內燃機的美國專利

為什麼現在還不要放棄柴油　115

來自牙買加，汽車來自日本，電腦來自中國。如果沒有柴油引擎的低運轉成本、高效率、高可靠度和絕佳耐久性，全球化就不可能達到如今為現代經濟下定義的程度。

使用了一個多世紀以來，柴油引擎的排氣量和效率都已提升。目前在海運上使用到的最大型引擎，額定功率超過 81 百萬瓦（109,000 馬力），最高淨效率達 50% 出頭，勝過最高淨效率約 40% 的燃氣渦輪機（參見〈為什麼燃氣渦輪機是最佳選擇〉，第 140 頁）。

柴油引擎已受到廣泛使用。沒有哪個現成的代用品像狄塞爾的柴油引擎一樣，能夠物美價廉、有效率又可靠的持續整合全球經濟。

動態攝影——從駿馬到電子

　　1867 年，英國攝影家邁布里奇（Eadweard Muybridge）把一個流動工作室搬到優勝美地谷，製作出山谷壯觀美景的大幅銀鹽感光照片，而在美國打響名聲。五年後，史丹福（Leland Stanford）聘用了他；史丹福先前是加州州長，時任中央太平洋鐵路（Central Pacific Railroad）的總裁，後來在帕羅奧圖（Palo Alto）創辦了史丹福大學。同樣也身為馬育種家的史丹福向邁布里奇發出挑戰，要他解決一個多年的爭論：馬在奔馳時，是不是四隻腳都會離地。

　　邁布里奇覺得很難證實這一點。1872 年，他拍到一匹馬四蹄騰空小跑的影像（但這張照片後來弄丟了），可是他鍥而不捨，最後想到了解決辦法，是用快門速度可縮短到 1/1000 秒的相機去拍攝移動中的對象。

　　1878 年 6 月 19 日，邁布里奇在史丹福大學的帕羅奧圖農場進行這項決定性的實驗。他把很多台由細線啟動的玻璃感光版相機沿著跑道排成一列，並運用白色背景讓反差最大，並拍攝馬跑步。然後，他把拍下的一連串靜態照片（側面影像的剪影），拷貝到一個簡單環形裝置的圓盤上，他把裝置稱為動物活動視鏡（zoopraxiscope），這個裝置可讓快速旋轉的一連串定格影像轉變成動畫。

史丹福提供測試的那匹馬叫做莎莉・嘉德納（Sallie Gardner），在奔馳時顯然是四蹄騰空。但是馬在半空中的瞬間並沒有像一些名畫裡描繪的那樣，其中最著名的一幅大概就是傑利柯（Théodore Géricault）的《1821 年艾普森賽馬會》（*The 1821 Derby at Epsom*，現收藏於羅浮宮），這幅作品所畫的馬在騰空時，馬腳正從身體往外伸展。但事實完全相反，馬蹄離地的

圖 27　邁布里奇的奔馳駿馬

時候，四隻腳其實在身體的下方，預備在下一刻用後腳推蹬。

　　這項成果促成了邁布里奇的代表作，也就是他接下來幫賓州大學拍的作品。他從 1883 年開始拍攝大量描繪動物與人體移動姿態的一系列影像。製作過程仰賴 24 台平行固定在走道上的相機、一條 36 公尺長的走道，走道的兩端各架設了一組 12 台的相機。走道設有做了記號的背景，一旦動物或人弄斷拉線，就會啟動快門。*

　　成品是厚厚一本印有 781 頁插圖的書，於 1887 年出版。這本影像大全不僅呈現了奔跑中的狗、貓、乳牛、豬等家畜，還有一頭野牛、鹿、大象、老虎，以及飛奔的鴕鳥和飛翔中的鸚鵡。人的系列照片則描繪了奔跑、上下階梯、上下坡、舉起東西、丟擲、摔角、小孩子在爬，以及一個女人把一桶水往另一個女人身上倒。

　　邁布里奇的每秒 1,000 幀很快就變成 10,000 幀。到 1940 年，旋轉鏡相機的專利設計把幀率提高到每秒 100 萬。1999 年，齊威爾（Ahmed Zewail）在飛秒（femtosecond，或稱電微微秒，即 10^{-15} 秒，也就是千兆分之一秒）的尺度下拍攝出化學反應過渡狀態的光譜，發展出快速雷射技術（飛秒光譜學），獲頒諾貝爾化學獎。

　　如今我們可以利用極強的超快速雷射脈衝，拍攝相隔僅僅幾阿秒（attosecond，10^{-18} 秒）的事件。這種時間解析度讓我

---

* 編注：研究馬的時候是如此配置，後來的作品又以三個黑色棚子和三組相機分別拍攝側面、正面或背面、四十五度角的影像，並持續改進攝影技術。

們有可能看到一直無法靠直接的實驗方法觀測到的東西，那就是原子尺度上的電子運動。

　　我們可以舉出很多例子，說明科學與工程學自十九世紀末迄今的非凡進展，而且本書也詳述了幾個不同凡響的實例，包括照明的發光效能（參見〈為什麼陽光仍是最好的〉，第 158 頁），以及經收益調整與效能調整後的發電成本（參見〈實際的發電成本〉，第 169 頁），然而對照邁布里奇和齊威爾兩人所做出的發現，也就是從解決跟馬蹄騰空有關的爭論，到觀測閃過的電子，這兩者之間的懸殊差別，就跟我所能想到的其他進展一樣不同凡響。

從留聲機到串流

　　愛迪生在 1931 年去世，享年 84 歲，他在美國擁有將近 1,100 項專利，在全球擁有超過 2,300 項專利。迄今為止最出名的，就是他的燈泡專利，但他既沒有提出抽空玻璃容器的想法，也沒有想到要用白熾燈絲。更為根本的，是愛迪生對於發電、輸電、電力轉換這套系統的全新看法，1882 年他先後在倫敦和紐約曼哈頓下城，讓整套系統運作起來。

　　但說到近乎神奇的純粹獨創性，都比不上 1878 年 2 月 19 日核發的美國第 200,521 號專利，那是愛迪生所申請的史上第一個聽到錄音的方法。

　　留聲機（phonograph）能以機械錄製聲音並播放出來，這個裝置誕生自電報機和電話。愛迪生早期的專利大多和印字電報機有關，他花了很多年努力改良電報機，而從 1876 年電話問世以來，他就一直對電話很感興趣。1878 年，愛迪生取得第一個電話方面的專利。他注意到，高速播放一段記錄下來的電報紙帶，會製造出類似口頭說話的噪音。他便思考，如果他把一根針連接到電話聽筒的振動膜片，錄下一段電話訊息，產生出一截打孔紙帶，然後重新播放那截紙帶，這樣會發生什麼結果？

　　他設計了一個小型裝置，附著帶有刻紋的圓筒，圓筒外面覆蓋了容易接收並記錄振動膜運動的錫箔。愛迪生後來回憶說：「我當時大聲唱著：『瑪麗有一隻小羊……』我調整了一下播放裝置，然後機器就把它完整重現出來了。我這輩子從來沒有這麼吃驚過，每個人都很驚訝。我向來很怕第一次就成功的事情。」

　　不久之後，他帶著留聲機巡迴美國各地，甚至還去了白宮。他在廣告詞中把它稱呼為「愛迪生的最後一項成就」（這標語後來有點自打嘴巴），而這位發明家的心願是，每個美國家庭最後都會買留聲機。他在 1880 年代末大幅改良留聲機的設計，改用塗了一層蠟的圓筒（最初是由電話發明人貝爾的同事提出的）和使用電池的馬達，在行銷時還把它定位成家人聲音的錄音機和音樂盒、公司行號的口述機器，以及盲人的有聲書。

　　不過，銷售表現一直不亮眼。上了蠟的圓筒容易損壞，很難製造，所以非常昂貴，尤其是早期的蠟筒。到 1887 年，美國格拉福風留聲機公司（Graphophone Company）取得了改良版的專利來爭奪市場，但仍然很貴（要價大約相當於今天的 4,000 美元）。

　　1880 年代，愛迪生專注於推行並改良電燈泡，以及發明設計發電與輸電系統。但在 1898 年，他開始販賣「愛迪生標準版留聲機」（Edison Standard Phonograph），售價 20 美元，差

圖 28　愛迪生與他發明的留聲機

不多是今天的 540 美元。一年後,便宜的 Gem 型留聲機上市,只要 7.50 美元(當時西爾斯百貨的鐵床架也差不多是賣這個價錢)。然而到 1912 年,愛迪生大量生產不易破損的賽璐珞圓筒時,唱機的蟲膠唱片(只林納〔Emile Berliner〕在 1887 年取得了第一個專利)就已經接棒了。

愛迪生一直放不下自己早期的發明；最後一批留聲機圓筒是在 1929 年 10 月製造的。在二十世紀的大部分時候，用於唱機、上面有一條螺旋狀溝槽的扁圓唱片一直占有優勢，直到新的錄音方式緊接著出現為止。

　　美國的密紋唱片（LP）銷售量在 1978 年達到高峰，卡式錄音帶在十年後達到高峰，而 1984 年推出的雷射唱片（CD），在 1999 年達到高峰。這些銷售佳績在短短七年後砍半，現在都敗給了音樂下載，包括免費的無線串流。愛迪生會怎麼看待這些播放聲音的去物質化方法呢？

發明積體電路

　　1958 年，也就是貝爾實驗室重新發明電晶體十一年後，大家都曉得只要能將半導體大幅微型化，就有機會攻占電子市場。用手工把個別的元件焊接在電路板上，並不會帶來多大的進展，但解決辦法經常會在最需要的時候出現。

　　1958 年 7 月，德州儀器公司（Texas Instruments）的基爾比（Jack S. Kilby）提出了單片（monolithic）的概念，他在專利申請書上描述它是「一種新穎的微型化電子電路，由含有擴散 p-n 接面的半導體材料製成，當中所有的電子電路元件全都整合進半導體材料主體。」基爾比還強調：「用這種方式製成的電路，在配置或複雜度方面是沒有上限的。」

　　這個概念很完美，但照基爾比在 1959 年 2 月的專利申請文件中所述的方法，實際做起來卻行不通，因為它會讓接線像拱形一樣從晶圓表面凸起，幾乎無法做成平面的零組件。基爾比很清楚這不可行，正因如此，他加了一個附注，說明其他的接線方式，舉例來說，他提到了在晶圓表面矽氧化物薄層上沉積金薄膜。

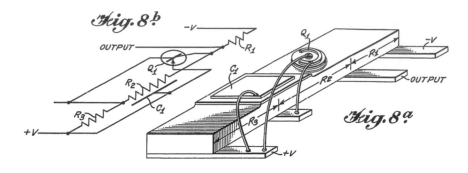

圖 29　積體電路：基爾比的「飛線」專利

　　他有所不知的是，在 1959 年 1 月，當時擔任快捷半導體公司（Fairchild Semiconductor Corporation）研究總監的諾宜斯（Robert Noyce）在他的實驗筆記簿上，隨手記下了同一個構想的改良版本。諾宜斯寫道：「為了讓元件之間的互連變成製程的一部分，以便縮小體積、重量等等，並減少每個主動元件的成本，理想的做法是在一塊矽晶片上做多個元件。」此外，諾宜斯附在 1959 年 7 月專利申請文件上的圖示沒有飛線[*]；相反的，那張圖清楚描繪出一個平面電晶體，以及「以真空沉積或其他方式形成金屬導線，再將導線延伸到氧化物絕緣層的上方並黏著於絕緣層上，這樣就可以在不必縮短接面的情況下，完成半導體主體各區塊與各區塊的電路連接。」

　　諾宜斯在 1961 年 4 月取得專利；基爾比的專利則在 1964 年 7 月核准。訴訟一路打到最高法院，最高法院在 1970 年拒

---

[*]　編註：以電線直接接通電路板中兩個節點的方法。

絕審理這個案子，維持上訴法院裁定優先權屬於諾宜斯的判決。不過這個裁決實際上並沒產生什麼影響，因為兩家公司在 1966 年就同意共享他們的生產授權，而積體電路的源頭也就成了同時獨立發明的另一個絕佳例子，畢竟基本概念是相同的。

兩位發明家後來都獲得了美國國家科學獎章，也都進入美國發明家名人堂。諾宜斯在 62 歲時就去世了，但基爾比活到獲得 2000 年諾貝爾物理學獎，獲獎五年後去世，享年 81 歲。

德州儀器把新的設計稱為「微邏輯元件」（micrologic element），後來科學家選用這些微邏輯元件，去控制洲際彈道飛彈，以及幫助人類登陸月球。

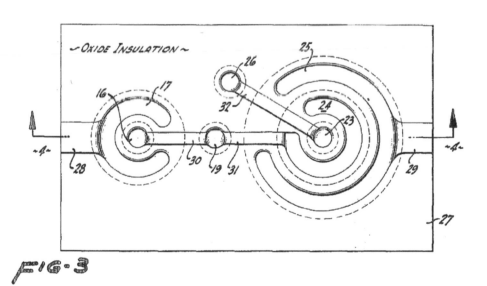

圖 30　積體電路：諾宜斯的平面專利

後續的進展已成為我們這個時代的關鍵發展之一，到目前為止都依然遵照歷久不衰的摩爾定律（參見〈摩爾的詛咒：為什麼技術進步比你想的還花時間〉，第 129 頁）。到 1971 年，基本的積體電路已經發展成具有大量零組件的簡單微處理器，而從 1980 年代中期開始，設計又進展到讓大眾買得起的個人電腦。到 2003 年，零組件總數已經超越一億，而到 2015 年，電晶體的數量更達到一百億，這代表從 1965 年起總體成長了八個數量級，平均每年成長約 37%，特定區塊的零組件數大約每兩年就增加一倍。

　　這也就表示，如果和最新的能力相比，在 1960 年代中期會需要一億倍大的零組件，才能達到同等的性能。正如物理學家費曼（Richard Feynman）說過的名言：底下的空間還大得很。

摩爾的詛咒：為什麼技術進步
比你想的還花時間

　　1965 年，當時在快捷半導體擔任研發總監的摩爾（Gordon Moore）指出，「在追求最低元件成本的情況下，複雜度大約每年升高一倍。當然可以預期的是，只要短期內沒有加快，就會以這種速度持續下去……」長期下來，翻倍速度停留在兩年左右，也就是每年有 35% 的指數增長率。這就是摩爾定律（Moore's Law）。

　　隨著元件愈變愈小、密度愈高、速度愈快、價格愈便宜，許多產品與服務的能力都提升了，成本也降低了，尤其是電腦和行動電話，而結果就是一場電子革命。

　　但這場革命既是福也是禍，它意外的提高了眾人對於科技進展的期待。我們確信，進展快速的科技很快就會帶來自動駕駛的電動車、量身定做的癌症療法，以及心臟與腎臟的瞬間 3D 列印。專家甚至告訴我們，電子革命將會為世界從化石燃料走向再生能源的過渡時期鋪路。

　　然而，電晶體密度倍增所需的時間，並不是指引科技整體進展的準則。許多現代生活仰賴的過程改進得相當緩慢，尤

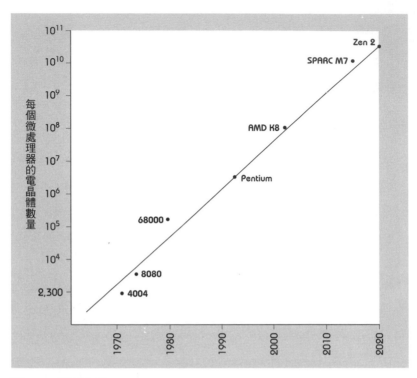

圖 31　摩爾定律

其是糧食與能源的生產、人員和貨物的運輸——不僅 1950 年
以前的技術進展得這麼緩慢，那些跟電晶體的發展幾乎同時發
生的重要改良與創新也是如此（電晶體的第一個商業應用是
1952 年的助聽器）。

　　玉米是美國的主要農作物，自 1950 年以來，平均產量每
年增加 2%。稻米是中國最大宗的主食，產量在過去五十年間
大約提升了 1.6%。在二十世紀，蒸汽渦輪發電機把熱能轉換

成電能的效率，每年大約提高 1.5%；如果比較一下 1900 年的蒸汽渦輪發電機和 2000 年的複循環發電機組（這是把燃氣渦輪機與蒸汽鍋爐搭配在一起），年增加率就會提高到 1.8%。比起電力轉換的其他各領域，照明方面的進步最為驚人，但從 1881 到 2014 年，室內照明的發光效能（每瓦的流明數）每年只提升了 2.6%，而室外照明是 3.1%（參閱〈為什麼陽光仍是最好的〉，第 158 頁）。

洲際旅行的速度，從 1900 年大型郵輪的每小時約 35 公里，增加到 1958 年波音 707 的時速 885 公里，平均每年加快 5.6%。不過從那時起，噴射客機的速度基本上就維持不變——波音 787 的巡航速度只比 707 快了幾個百分點。從 1973 到 2014 年，美國新型小轎車的燃料轉換效率（即使排除了非常耗油的休旅車和皮卡小貨車），每年只提升了 2.5%，從每加侖 13.5 英里提高到 37 英里（也就是油耗從每 100 公里 17.4 公升降到 6.4 公升）。最後來看看人類文明最不可或缺的金屬，從 1950 到 2010 年，鋼鐵的能源成本（包括煤焦、天然氣、電力），從每噸 500 億焦耳降至不到 200 億焦耳，也就是每年大約降 1.7%。

能源、物質與運輸基礎讓現代文明能夠正常運作，卻為自己的發展空間設下了限制，雖然改進很平穩，但相當緩慢，性能的提升幅度通常落在每年 1.5 至 3%，成本的下降幅度也差不多。

也就是說，在微晶片主宰的世界以外，創新根本沒有遵照摩爾定律，而是以慢了一個數量級的速度前進。

資料量增加：太多太快

很久以前，資訊只存在於人的腦海裡，古代的吟遊詩人可能會花很長的時間，重複講述戰爭與征服的故事。隨後，外部資料儲存發明出來了。

大約五千年前，美索不達米亞南部的蘇美人（Sumer）發明出記錄用的黏土小圓筒和泥板，上面通常只寫得下十多個楔形文字，相當於幾百（10^2）位元組。古希臘悲劇詩人埃斯克勒斯（Aeschylus）在公元前五世紀寫的三部曲《奧瑞斯提亞》（*Oresteia*），儲存量高達約 30 萬（10^5）位元組。羅馬帝國的一些有錢元老，坐擁的圖書室藏書上百卷，其中一位的大批藏書至少儲存了 100 百萬位元組（MB；100 MB 即 10^8 位元組）。

古騰堡（Johannes Gutenberg）的印刷機使用活動字模，帶來了徹底的轉變。到了 1500 年，也就是開始使用活字印刷機後不到半個世紀，歐洲印刷業者就發行了超過 1.1 萬種新書，伴隨這種非比尋常的增長而來的，是其他儲存資訊形式方面的發展。首先是雕刻和木刻的樂譜、插畫與地圖，接著是十九世紀時的照片、錄音和電影。二十世紀時新增了資訊的儲存

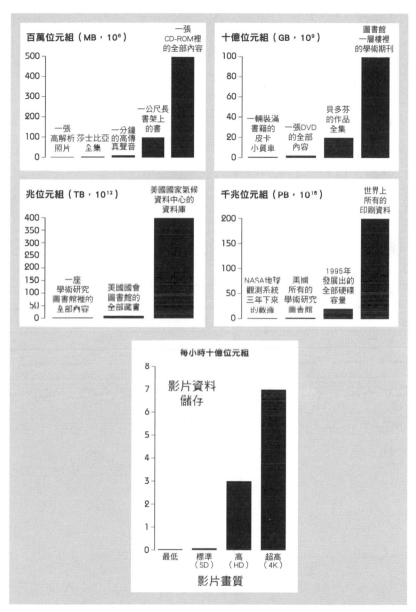

圖 32　各種媒材所儲存的資料量

方式，包括磁帶和 LP 唱片，而從 1960 年代開始，電腦把數位化的範圍擴展到醫療影像（數位乳房攝影的儲存量是 50 MB）、動畫電影（2 GB 至 3 GB，GB 是十億位元組）、洲際金融移轉，以及垃圾郵件的大量發送（每分鐘送出的訊息超過一億則）。像這樣的數位儲存資訊，迅速超越了所有的印刷資料。莎士比亞的戲劇與詩歌總計達 5 MB，相當於一張高解析的照片、30 秒的高傳真聲音，或 8 秒的串流高畫質影片。

因此，印刷資料已縮減到整個全球資訊儲存量的很小一部分。到 2000 年的時候，美國國會圖書館內的所有書籍儲存超過 10^{13} 位元組（也就是超過 10 TB），但所有的照片、地圖、電影和錄音資料一加進去，它就只占了整個收藏量（10^{15} 位元組，實際大約是 3 PB）的不到 1%。

在二十一世紀，資訊產生的速度愈來愈快。雲端服務公司 Domo 在針對 2018 年每分鐘產生資料量的最新調查中，列出以下幾個數字：Netflix 訂戶透過串流收看了超過 97,000 小時的影片，在 YouTube 觀看了將近 450 萬支影片，在氣象頻道 Weather Channel 要求提供了超過 1,800 萬筆預報，至於其他的網際網路資料，單單在美國就使用了超過 3 千兆位元組（3.1 PB）。到 2016 年，全球每年的資料產生速率已經超過 16 ZB（1 ZB 等於 10^{21} 位元組），而到 2025 年，這個數字可望再提高一個數量級，也就是達到大約 160 ZB（10^{23} 位元組）。根據 Domo 的調查結果，全球近 80 億人在 2020 年每人每秒產生了 1.7 MB 的資料。

這些數量引出幾個明顯的問題。資料洪流裡只有一小部分能夠儲存，但應該是哪個部分呢？資料量如此之大，即使保存下來的不到 1%，在儲存上顯然還是挑戰。此外，無論我們決定儲存什麼內容，下個問題會是：資料應該保存多久。沒有哪個資料需要永久儲存，但保存多久最為理想？

在國際單位制中（例如「千」為 k = 10^3，「百萬」為 M = 10^6），代表最高倍數的字首是 yotta-（Y = 10^{24}，也就是一兆兆），我們在十年內就會有那麼多位元組的資料，即使把估算數字這種苦差事漸漸丟給電腦處理，但要面對這麼大的數值，工作將會變得愈來愈困難。一旦我們每個人開始每年產生超過 50 兆位元組的資訊，還會有真正的機會好好利用這些資訊嗎？累積的資料、有用的資訊、有深刻見解的知識，這三者之間畢竟有著根本的差異。

在創新這件事上要務實一點

　　現代社會迷上了創新。在 2019 年年底，用 Google 搜尋「innovation」（創新）的次數有 32.1 億筆，毫不費力的擊敗了「terrorism」（恐怖主義，4.81 億筆）、「economic growth」（經濟成長，約 10 億筆）和「global warming」（全球暖化，3.85 億筆）這幾個關鍵詞。我們將相信，創新會打開所有想得出來的機會之門：遠超過 100 歲的預期壽命、人類意識與機器意識的融合、基本上免費的太陽能。

　　這種跪拜在創新聖壇前不加批判的做法，在兩個方面是錯的：它忽視了那些砸大錢研究，結果卻失敗的重要基本探索；再者，它也沒有說明，為什麼我們即使知道有更好的措施，卻還是經常堅持用比較差的做法。

　　快滋生反應器（fast breeder reactor）是創新失敗的顯著案例之一，顧名思義，它產生的核燃料比消耗的燃料來得多，但研發時間很久、花費又高。奇異（General Electric）公司在 1974 年預測，到 2000 年時，美國約有 90% 的電力會來自快滋生反應器。奇異只是在反映普遍的期待：1970 年代，法國、日本、蘇聯、英國和美國政府都在大量投資發展快滋生反應器。然而高成本、技術難題與環境問題迫使英國、法國、日本、美國的計畫（及德國和義大利的較小型計畫）暫停，但中國、印度、日本與俄羅斯的實驗反應器目前仍在運轉。以目前的幣值來看，快滋生反應器在全世界耗資超過 1,000 億美元，但努力了六十多年之後，還沒有真正的商業報酬。

其他曾作出承諾卻未引起商業關注的基礎創新，包括氫（燃料電池）動力車、磁浮列車與熱核能。最後一個或許是說明創新成就不斷跳票的最出名例子。

第二種類型的失敗創新，也就是明明知道不應該繼續卻還是繼續做的事，從慣常做法到理論概念都有。

圖 33　中國中車集團在 2019 年展示的原型磁浮列車

日光節約時間與登機就是兩個令人討厭的例子。我們明明知道採用「日光節約時間」的理由是節約能源，但實際上並沒有節省任何東西，為什麼還要每半年強制調整時間一次？另外，現今商用班機登機所化的時間比 1970 年代來得久，可是我們明明知道有些方法比現行愛用的低效流程來得快。舉例來說，也許可以把座位安排成倒金字塔形，或是把人分散開來，讓後排和前排的乘客輪流登機，讓阻塞減到最少，或乾脆廢除劃位。

　　還有，為什麼我們要用 GDP 來衡量經濟發展呢？GDP 只不過是一國所有商品與勞務的年總值，它不但在生活過得更好、經濟復甦時提升，當有壞事發生在人或環境的時候也會增長。酒類銷量提升、酒後駕車案件增多、意外事故增加、急診室收的病人變多、傷害事件增多、入獄者增加，GDP 都會提高。當熱帶地區猖獗的盜採林木、更不節制的濫伐森林，雖然生物多樣性消失，但只要木材銷量增加，GDP 同樣會提高。我們應該沒那麼愚昧，卻還是把 GDP 年增率升高奉為圭臬，而不管促成這種成長的因素是什麼。

　　人的心中有許多不理性的偏好：我們喜歡推測天馬行空又古怪的創新，卻懶得透過尚待執行的實際創新來解決共同的挑戰。為什麼我們不改良登機的程序，而寧願用超級高鐵列車（hyperloop）和長生不老的幻覺來欺騙自己？

燃料與電

為我們的社會供給能源

為什麼燃氣渦輪機是最佳選擇

　　1939 年，位於瑞士納沙泰爾（Neuchâtel）市立發電所的世界第一台工業用燃氣渦輪機開始發電。這台機器是由布朗包法利公司（Brown Boveri）安裝的，沒有辦法利用自身所排出廢氣的熱，而渦輪機的壓縮機消耗了近四分之三的發電，導致效率僅僅只有 17%，大約 4 百萬瓦（MW）。

　　第二次世界大戰的攪局與隨之而來的經濟困境，讓納沙泰爾的那台渦輪機成為後無來者的開路先鋒，一直到 1949 年，西屋和奇異才分別推出自家第一批限定功率的設計。由於可產生最廉價電力的大型燃煤發電廠仍占市場優勢，因此沒有出現爭相安裝這些渦輪機的熱潮。到 1960 年，效率最強大的燃氣渦輪機可達 20 百萬瓦，仍比大多數蒸汽渦輪發電機的輸出功率低了一個數量級。

　　1965 年 11 月，美國東北部發生的大停電改變了很多人的看法，因為燃氣渦輪機可以在幾分鐘內全負載運轉。然而石油與天然氣價格上漲，電力需求走緩，也就阻礙新技術迅速擴展。要到 1980 年代後期，才有了轉變；到 1990 年，美國新增的發電容量中，幾乎有一半是使用功率、可靠性及效率不斷提高的燃氣渦輪機。

不過，即使效率超過 40%，也會產生高溫 600°C 的廢氣，溫度已經高到可讓附接的蒸汽渦輪機產生出蒸汽來。這種由燃氣渦輪機和蒸汽渦輪機的串列組合又叫複循環燃氣渦輪機（combined cycle gas turbine，簡稱 CCGT），最早是在 1960 年代後期發展出來的，如今 CCGT 的最高效率已超過 60%，沒有其他的原動機效率比它更高。

西門子目前為公用發電提供的 CCGT 額定功率是 593 百萬瓦，幾乎是納沙泰爾渦輪機的四十倍，而且運轉效率達63%。奇異的 9HA 型燃氣渦輪機在單獨運轉（單循環發電）時，可產生 571 百萬瓦的發電量，而和蒸汽渦輪機結合為 CCGT 時，可達 661 百萬瓦，效率有 63.5%。

燃氣渦輪機是很理想的尖峰電力供給者，也是間歇性風力發電與太陽能發電的最佳後備，在美國，燃氣渦輪機是目前為止要新增發電容量的最平價選擇。平準電價是衡量一項能源計畫生命週期成本的基準，在這些自 2023 年開始使用的新增發電容量中，平準電價預估為：外加部分碳捕集的燃煤蒸汽渦輪發電機是每千度約 60 美元，太陽能光電是每千度 48 美元，陸域風力發電是每千度 40 美元，然而傳統燃氣渦輪機是每千度不到 30 美元，CCGT 是每千度不到 10 美元[*]。

---

[*] 譯注：1 度電＝ 1 千瓦時（kWh，或寫成瓩時），千度＝百萬瓦時（MWh，或寫成千瓩時）。

圖 34 大型燃氣渦輪機的內部

　　在世界各地，燃氣渦輪機也用於發電供熱。蒸汽與熱水在許多產業都是必需的，也用來供應能源到中央暖氣系統，這種系統在許多歐洲大城市特別常見。荷蘭甚至還用渦輪機加熱大面積的溫室並提供照明，渦輪機所產生的二氧化碳會加速蔬菜生長，是對溫室的額外益處。在許多工業公司與長距離管線的抽水站，燃氣渦輪機也負責讓壓縮機運轉。

　　結果很清楚：沒有其他燃機結合的優點像現代燃氣渦輪機一樣多。燃氣渦輪機很小巧，容易運輸與安裝，相較起來安靜無聲、價格合理、效率又高、提供近乎即時的輸出、不需要水冷卻就能運轉。這一切都讓燃氣渦輪機成為同時供應力學能與熱能的無敵機器。

它們的壽命有多長呢？經過 63 年的運轉，納沙泰爾渦輪機終於在 2002 年除役，這不是因為機器本身故障，而是因為發電機受損。

核電——未兌現的承諾

　　1956 年 10 月 17 日，英國女王伊麗莎白二世啟動位於英格蘭西北部沿海的考德霍爾（Calder Hall）核電廠，開啟了商業核能發電時代。六十年的時間已經久到足以評斷技術，而我仍然維持十多年前的評估：「一場成功的失敗。」

　　成功的部分有大量的書面資料佐證。緩慢起步之後，反應器建設在 1960 年代後期開始加速，到 1977 年，美國有超過 10% 的電力來自核分裂，到 1991 年更上升至 20%，這比 1990 年代以來，太陽光電與風力發電機打入市場的速度還要快。

　　在 2019 年年底，全世界有 449 個反應器在運轉（而有 53 個還在興建），其中許多的容量因數高於 90%，容量因數是反應器整年平均下來實際輸出與最大可能輸出的比例，而反應器所產生的發電量是光電池 * 和風力發電機加起來的兩倍以上。2018 年，核電在法國的電力供應中占比最高，約有 72%，在

---

* 編注：光電池（photovoltaic cell）又稱為太陽能電池。雖然譯為電池，但不具儲電的功能，實際上是將太陽光轉換成電能。

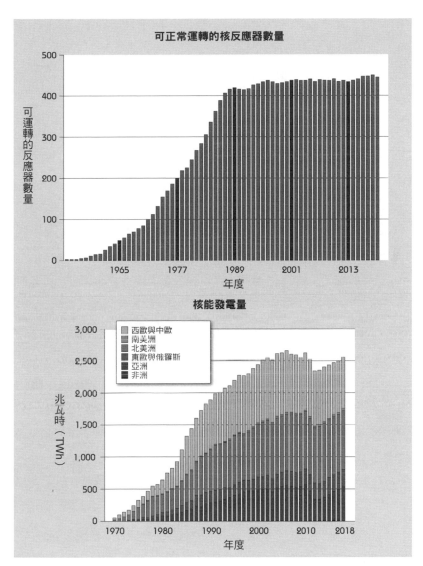

可正常運轉的核反應器數量

核能發電量

圖 35 核電的發展

匈牙利則占了 50%，在瑞士占 38%，在南韓占 24%，而在美國占的比率略低於 20%。

失敗的部分和未符合預期有關。核電「便宜到無法用電表計量」的主張並非憑空杜撰：1953 年，史特勞斯（Lewis L. Strauss）上任美國原子能委員會主席，他隔年 9 月在紐約對美國科學作家協會演講，當眾說出這句話。同樣大膽的主張還繼續出現。

曾獲諾貝爾化學獎、時任原子能委員會主席的西博格（Glenn Seaborg）在 1971 年預測，到 2000 年，世界上幾乎所有的電力將會由核反應器產生。照西博格的設想，會有淡化海水的巨型沿海「核複合設施」（nuplex）；由小巧核反應器驅動的地球同步衛星，負責播送電視節目；核動力油輪；還有會改變河水流動並開鑿地下城市的核炸藥。在此期間，核能推進還會把人送到火星。

但在 1980 年代，富裕國家的電力需求下滑，核能電廠出的問題大幅增加，因此核分裂發電的計畫陷入停滯。此外還有三次令人擔憂的失敗經驗：1979 年發生在美國賓州的三哩島事故，1986 年發生在烏克蘭車諾比的核災，以及 2011 年的日本福島核災，為那些不管怎樣都會反對核分裂發電的人，提供了進一步的證據。

同時，核電廠在建造上一直有超出成本的問題，而且提不出可接受的核廢料永久處置方式（現在是暫時儲存在電廠廠區的容器中），這點實在無能為力。目前主要的壓水式反應器設計基本上是 1950 年代美國海軍潛艦設計的上岸版本，到現在也還沒有成功的改成更安全、更便宜的反應器。

結果，西方大眾仍未信服，發電公司小心翼翼，德國與瑞典正在關閉國內的整個核能工業，甚至連法國也計畫縮減。此刻在全世界建造中的反應器，日後將無法彌補因反應器老化、在未來幾年關閉而損失的發電容量。

有大規模擴建計畫的主要經濟體全在亞洲，以中國和印度為首，但就連這兩國也無力扭轉核能在全球發電量占比下滑的趨勢。根據國際能源總署的數據，這個占比在 1996 年達到近 18% 的最高峰，在 2018 年降至 10%，預計到 2040 年會稍稍回升到 12%。

在採用核分裂的方式產生相當多的電力，藉此限制碳排放之前，我們有很多事情可以做，首先就是採用更好的反應器設計，果斷解決核廢料儲存的問題。但這需要公正無私的審查事實，及真正長遠的全球能源政策方針，而這兩者我現在都看不到。

為什麼風力發電需要化石燃料

　　風力發電機是尋求再生能源發電的最鮮明代表，然而儘管利用了盡可能免費又環保的風能，但風力機本身就是化石燃料的純粹化身。

　　大卡車把鋼材和其他原料載到廠址，運土設備開出一條路，通往無法以其他辦法到達的高地，大型起重機豎起了結構體……。這些機器全部都是燒柴油燃料的。運輸水泥、鋼材、塑膠等生產原料的貨運列車與貨船，也是燒柴油的。單就鋼材來看，一台 5 百萬瓦風力機的鋼筋混凝土基座平均就需要 150 噸，轉子輪轂（rotor hub）和機艙（內有齒輪箱和發電機）需要 250 噸，而塔架需要 500 噸。

　　如果到 2030 年風力發電要供應全球需求的 25%，那麼即使有 35% 的高平均容量因數，還是需要差不多 4.5 億噸的鋼，風力發電總裝置容量才會達到約 2.5 兆瓦。這還不包括使用於塔架、電線和變壓器的金屬，但我們需要用這些新增的高壓輸電線路，才能把整個系統併聯到電網之中。

　　煉鋼需要大量的能源。鼓風爐裝滿了由煤製成的煤焦，燒結或成粒狀的鐵礦在鼓風爐裡冶煉，粉煤與天然氣注入鐵礦之中，從鼓風爐裡煉出的生鐵在鹼性氧氣爐中脫碳，接著，鋼要歷經持續不斷的鑄造過程，以便把熔鋼直接變成最後產物的大略形狀。風力機構造中使用的鋼材，能源含量通常是每噸約350億焦耳。

　　為了製造在 2030 年之前可能會運轉的風力機，所需鋼材消耗掉的化石燃料相當於超過 6 億噸的煤。

　　一座 5 百萬瓦的風力機，有三個約 60 公尺長的翼形葉片，每片約 15 噸重，裡面是很輕的巴沙木或泡棉夾芯，外疊層主要是由玻璃纖維強化環氧樹脂或聚酯樹脂製成。製造玻璃時，要在燒天然氣的爐中熔化二氧化矽和其他氧化礦物。那些樹脂

圖 36　現代風力發電機的大型塑膠葉片：製造不易，運輸更難，回收再利用更是難上加難。

的原料乙烯，是輕烴的衍生物，通常藉由輕油裂解、液化石油氣或天然氣所含的乙烷來生產。

最後製成的纖維強化複材，能源含量大約在每噸 1,700 億焦耳，因此若要在 2030 年之前達到 2.5 兆瓦的裝置容量，就需要大約 2,300 萬噸的轉子總質量，這包含了大約相當於 9,000 萬噸的原油。當一切準備就緒，整個結構體必須用樹脂做防水處理，而樹脂的合成原料又是乙烯。此外還需要一種原油產物，那就是供齒輪箱使用的潤滑劑，在機器的二十年使用年限裡，必須定期更換潤滑劑。

毫無疑問的，在不到一年的時間裡，一座設置地點適當、精心打造的風力機，發電量將和它用來發電所消耗的能源同樣多。不過，這全都會以間歇性電能的形式出現，而這種電力的生產、裝置與維護，仍須仰賴特定的化石能源。再者，對於其中大多數的能源（熔煉鐵礦的煤焦，供水泥窯作燃料的煤與石油焦，塑膠合成與玻璃纖維製造時當原料及燃料使用的輕油和天然氣，船隻、卡車和營造機械的柴油燃料，供齒輪箱使用的潤滑劑），我們並沒有隨時可取得、且足以應付大型商業化規模的非化石能源替代品。

在生產風力機和光電池的所有能源都來自再生能源之前，現代文明還有很長一段時間，會繼續仰賴化石燃料。

風力發電機可以做到多大？

　　風力發電機確實變大了。丹麥公司維斯塔斯（Vestas）在 1981 年開始朝超大型發展時，所生產的三葉式風力機容量只有 55 千瓦。這個數字在 1995 年提高到 500 千瓦，在 1999 年達到 2 百萬瓦，如今達 5.6 百萬瓦。到 2021 年，三菱重工維斯塔斯（MHI Vestas）的 V164 系列離岸風力機輪轂高度將達 105 公尺，讓 80 公尺長的葉片旋轉，並產生高達 10 百萬瓦的容量，而成為史上第一座兩位數容量的商用風力機。奇異再生能源公司（GE Renewable Energy）不想落於人後，已開發出一座容量 14 百萬瓦、塔架高 260 公尺、葉片長 107 公尺的風力機，也準備在 2021 年推出。

　　這顯然是在挑戰極限，儘管我必須指出，曾有更大的設計列入考慮。2011 年，歐盟的 UpWind 計畫發布了一種 20 百萬瓦離岸風力機的「草圖」，它的葉片轉子直徑 252 公尺，是一架 A380 空中巴士客機翼展的三倍長，輪轂的直徑則有 6 公尺。到目前為止，最大型概念設計的極限是 50 百萬瓦，高度超過 300 公尺，還有很像棕櫚樹葉一樣、可以在狂風中彎曲的

200 公尺葉片。

　　熱情的提倡者還暗示，以這樣的結構建造在技術上根本完全沒有問題，因為高度不會超過一百三十年多前建造的艾菲爾鐵塔；這其實是選了不恰當的對比。如果人造物的可建構高度是風力機設計的決定因素，那倒不如參考杜拜在 2010 年完工、樓高超過 800 公尺的哈里發塔，或是將於 2021 年興建高達 1,000 公尺的吉達塔（Jeddah Tower）。建起高塔不是什麼大問題；然而，要設計建造一座可支撐大型機艙及旋轉葉片，並安然運轉很多年的高塔，可就是另一個問題了。

　　更大的風力機必須面對避免不了的比例縮放效應。風力機的輸出功率會隨葉片掃過半徑的平方增加而增大：理論上，當風力機的葉片長度變兩倍，功率就會變成四倍。不過，當葉片轉子掃過的表面增加，就會給整個組件更大的作用力，又因

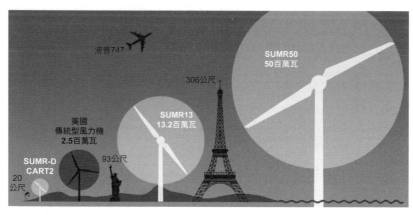

圖 37　風力發電機的高度與葉片直徑比較圖

為葉片質量（乍看之下）會隨葉片長度的三次方增加，所以更大型的設計應該會非常非常重。實際上，使用輕量合成材料與巴沙木的設計，可以讓實際指數保持在 2.3 左右。

即使如此，質量（以及由此產生的成本）還是會增加。維斯塔斯的 10 百萬瓦三葉式風力機的每個葉片，重量將達到 35 噸，而機艙將重達近 400 噸（後面這個質量到底有多重，你可以想像把六輛艾布蘭〔Abrams〕主力戰車高高吊起幾百公尺的情景）。奇異公司的破紀錄設計將會配備 55 噸重的葉片、600 噸重的機艙，以及 2,550 噸重的塔架，單單運輸這麼長又笨重的葉片，就是非比尋常的挑戰，雖然使用分節式設計運輸起來會更加方便。

探究商業化容量的可能極限，比預測何時會達到最大值來得更有用處。可使用的風力機輸出功率，等於空氣密度的一半（每立方公尺 1.23 公斤）乘以葉片掃過的面積（π 乘以半徑的平方）再乘以風速的三次方。假設風速是每秒 12 公尺，能源轉換係數是 0.4，那麼 100 百萬瓦的風力機就需要直徑差不多 550 公尺的葉片轉子。

若要預測何時會有這樣的風力機，只需回答以下這個問題：我們什麼時候才能夠用塑膠複材和巴沙木，生產出 275 公尺的葉片，再想出辦法運輸這麼長的葉片，把葉片接合到高懸在離地 300 公尺處的機艙，並確保葉片撐得住氣旋風，還要保證能可靠運轉至少十五或二十年？答案是不會很快。

太陽光電緩慢增長

　　1958 年 3 月，運載著先鋒一號（Vanguard 1）衛星的火箭從卡納維爾角升空，這顆 1.46 公斤重的小鋁球是第一個使用光電池的軌道衛星。

　　為保險起見，衛星的兩個發報機之一使用汞電池的電力，但短短三個月後汞電池就沒電了。幸虧有光伏效應（photovoltaic effect），六個小小的單晶矽太陽能電池總共可供電 1 瓦，並持續為一個信標發報機供電到 1964 年 5 月為止；單晶矽太陽能電池會吸收原子級的光波（光子），然後釋放出電子。

　　在那時就有光電池能用，是因為在太空中，成本不是問題。1950 年代中期，光電池的成本大約是每瓦 300 美元。這個成本在 1970 年代中期降至約每瓦 80 美元，到 1980 年代末又降至每瓦 10 美元，到 2011 年降至每瓦 1 美元，而到 2019 年年底，光電池的售價是每瓦只要 8 至 12 美分，未來一定還會再降價。（為了發電而安裝太陽光電板和相關設備的價格當然高得多，要視計畫的規模而定，而現在的安裝規模從很小的屋頂，到沙漠裡的大型太陽能場都有。）

圖 38　摩洛哥的瓦札札特努爾太陽能電廠（Ouarzazate Noor Power Station）鳥瞰圖，這座電廠的裝置容量達 510 百萬瓦，是世界最大的集中式太陽能與光伏發電裝置

這是好消息，因為光電池的功率密度比其他任何形式的再生能源轉換還要高。即使依年平均來看，在日照充足的地方光電池已達到每平方公尺 10 瓦，比生質燃料高出一個數量級，而且隨著轉換效率提高、追蹤技術提升，應該有可能讓年容量因數提高兩成到四成。

　　不過，要花一段時間才有辦法達到這個程度。貝克勒（Edmond Becquerel）在 1839 年首次描述了溶液中的光伏效應，而到 1876 年，亞當斯（William Adams）和戴伊（Richard Day）在硒中觀察到這種效應，但一直等到 1954 年，矽電池在貝爾電話實驗室發明出來，才打開了商機。即使在那個時候，每瓦的價格仍維持在 300 美元上下（換算成 2020 年的幣值則超過 2,300 美元），而且除了用於一些玩具上，光電池不怎麼實用。

　　正是因為替美國陸軍服務的電子工程師齊格勒（Hans Ziegler），違抗了美國海軍最初只想在先鋒衛星上使用汞電池的決定，光電池才得以發展。在 1960 年代，光電池解決了更大型人造衛星的供電難題，這些人造衛星徹底改革了遠距離通信、太空偵察任務、天氣預報及生態系監測。隨著光電池的成本下降，用途就大幅增加，也開始為燈塔、外海油氣鑽探平台及鐵路平交道的照明供電。

　　我在德州儀器 1985 年推出 TI-35 Galaxy Solar 時，買了這款電子計算機，這是我的第一台太陽能工程用計算機。三十多年後，它的四個電池（每個大約只有 170 平方毫米大）仍然運作得好好的。

　　但重要的光伏發電必須等待模組價格進一步下跌。在

2000 年，全球光伏發電的供電量占不到全球電力的 0.01%；十年後，占比增加了一個數量級，達到 0.16%；到 2018 年，占比達 2.2%，比起全世界水力發電廠的供電量（在 2018 年占了全球電力將近 16%），還是很少。在一些日照充足的地區，太陽能發電日前正帶來顯見的改變，但就全球而言，還要走一段路才能與落下的水流匹敵。

就連國際再生能源總署（International Renewable Energy Agency）所做的最樂觀預測，也不期望光伏發電的發電量能在 2030 年之前拉近這段差距。不過，到了 2030 年，光電池的發電量有可能占全世界電力的 10%。那個時候，距離先鋒一號的小型太陽能電池開始為信標發報機供電，已經過了七十多個年頭，而首次在固體中觀察到光伏效應，已是大約一百五十年前的事了。全球規模的能源過渡時期，需要很長的時間。

為什麼陽光仍是最好的

　　我們可以透過照明的狀態來大致記錄文明的進展，尤其是照明的功率、成本與發光效能。最後一項是指光源造成眼睛反應的能力，它等於總光通量（單位是流明，記作 lm）除以額定功率（單位是瓦特，簡稱瓦，記作 W）。

　　在色覺能夠發揮作用的亮光環境下，波長為 555 奈米的可見光產生的最大發光效能是 683 lm/W。由於 555 奈米的波長落在光譜的綠色波段，所以不管功率是大是小，綠色看起來都是最亮的。

　　幾千年來，我們的人造光源比這個理論最大值落後了三個數量級。蠟燭的發光效能才 0.2 到 0.3 lm/W；十九世紀歐洲城市中常見的煤氣燈只比蠟燭好五到六倍；愛迪生早期燈泡的碳燈絲也沒有強到哪裡去。金屬燈絲的效能大幅提升，先是 1898 年的鋨燈絲達到 5.5 lm/W，接著在 1901 年以後，鉭燈絲達到 7 lm/W，十多年後真空燈泡裡的鎢絲達到 10 lm/W。把鎢絲放進氮氬混合氣體中，會讓普通家用燈的效能提高到 12 lm/W，而始於 1934 年的捲繞式燈絲，更是把 100 瓦白熾燈的

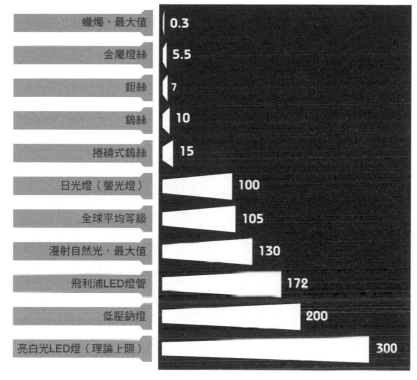

蠟燭，最大值	0.3
金屬燈絲	5.5
鉭絲	7
鎢絲	10
捲繞式鎢絲	15
日光燈（螢光燈）	100
全球平均等級	105
漫射自然光，最大值	130
飛利浦LED燈管	172
低壓鈉燈	200
亮白光LED燈（理論上限）	300

圖 39　每瓦流明數

效能提高到超過 15 lm/W，在二戰後二十年間，都是用這種白熾燈做為通用的明亮光源。

1930 年代推出了根據不同原理製成的燈，像是低壓鈉燈和做為日光燈的低壓汞蒸氣燈，但要到 1950 年代，這些燈才開始廣泛使用。如今最好的電子安定器日光燈，可產生 100 lm/W 左右的效能；高壓鈉燈的效能可達 150 lm/W；低壓鈉燈可達 200 lm/W。不過，低壓燈泡只能產生波長 589 奈米的單色黃光，這就解釋了這種燈不用在家裡而用於街道照明的原因。

我們現在最大的希望放在 LED 燈。第一批 LED 燈在 1962 年發明出來，而且只能發出紅光；十年後推出了綠光，隨後在 1990 年代，有了強度高的藍光。工程師把螢光粉塗布在這樣的藍光 LED 燈表面，就能把部分藍光轉換成偏暖色的光，而製成適合室內照明的白光燈。亮白光 LED 燈的理論上限大約是 300 lm/W，但市售燈泡距離這個等級還遠得很。在標準電壓為 120 V 的美國，飛利浦（Philips）銷售的 18 瓦柔白色可調光 LED 燈泡，發光效能是 89 lm/W，取代了 100 瓦的白熾燈泡。在電壓範圍 220 至 240 V 的歐洲，該公司則銷售 172 lm/W 的 LED 燈管，代替 1.5 公尺長的歐洲規格日光燈管。

高效能的 LED 燈已經在世界各地節省大量的用電，這種燈二十年下來每天可提供三小時光源，而且如果忘了關燈，下次的電費帳單也幾乎不會引起你注意。但就像其他各種人工光源，這些燈仍然比不上自然光的光譜。白熾燈發出的藍光太少，而日光燈幾乎沒有紅光；LED 燈在光譜紅光範圍的發光強度太弱，藍光範圍的強度又太強。這些局限都會讓眼睛感到不太舒服。

從 1880 年以來，人工光源的發光效率已提高兩個數量級了，但要在室內複製日光，仍舊不在我們力所能及的範圍內。

為什麼需要更大的電池

　　如果有更好的方法可以儲存填補供電缺口所需的大量電力，就能以更容易的方式來進一步利用太陽能與風能。

　　即使在日照充足的洛杉磯，一棟在屋頂裝了夠多太陽光電板，足以符合平常用電需求的典型房子，依然會面臨 1 月間每天短缺達 80%，5 月間每天過剩 65% 之多的難題。只要安裝一個體積龐大又昂貴的鋰離子電池組，就可以把這樣的住宅切離電網。只要電池組具有能夠運轉數小時的百萬瓩規模儲存容量，甚至連要處理 10 至 30 百萬瓩（GW，1 GW 是十億瓦）的小型全國電網，也可以完全仰賴間歇性的能源。

　　自 2007 年起，有一半以上的人口生活在都市區域，而到 2050 年，將有超過 63 億人住在城市裡，占全球人口的三分之二，且人口超過 1,000 萬的巨型都市變得愈來愈多（參見〈巨型都市興起〉，第 53 頁）。大多數的城市居民將會住在高樓大廈裡，因此在市內發電的可能性很有限，他們將需要持續不斷的供電，以滿足住宅、公用事業、各行各業、交通運輸的用電需求。

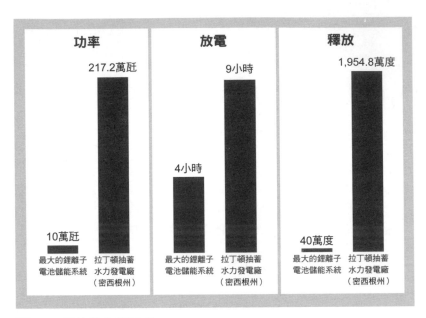

圖 40　電的儲存與需求

　　想想亞洲某個巨型都市受颱風侵襲一兩天的景象。即使長距離的線路可以供應這個城市一半以上的需求，還是需要來自儲存量的幾百萬度（百萬瓩時）發電量，撐過間歇性能源發電恢復前的這段過渡時期（或是使用備用的化石燃料，也就是我們正努力捨棄的東西）。

　　不管在靜態還是動態用途，鋰離子電池都是目前的儲存主力，這種電池使用鋰化合物當正極的材料，用石墨當負極的材料（常見的車用鉛酸電池則採用氧化鉛與鉛來作電極）。不過，儘管能量密度比鉛酸電池高出許多，鋰離子電池仍然無法滿足大規模的長期儲存需求。愛依斯公司（AES Corp）在美國長灘為南加州愛迪生電力公司（Southern California Edison）興建最大型的儲能系統，就容納了超過 18,000 個鋰離子電池，2021 年完工後，將可達到功率 10 萬瓩持續供電 4 小時的容量。然而，比起亞洲大城市在間歇性供電短缺情況下的需求量，40 萬度的總電能還是少了兩個數量級。

因此我們必須增加儲存量，但要怎麼增加？鈉硫電池（sodium-sulfur battery）的能量密度比鋰離子電池高，可是它的電解液極度不方便，是高溫的液態金屬。直接把電能儲存在電解液中的液流電池（flow battery），還在有效運用的初期階段。超電容器（supercapacitor）沒辦法長時間供電。至於報章雜誌特別喜歡提到的壓縮空氣（compressed air）與飛輪（flywheel）儲能技術，僅僅應用於十多個中小型設施。最大的長期希望也許是利用便宜的太陽能發電進行水的電解，然後把所產生的氫當作多用途的燃料，但像這樣以氫為基礎的經濟結構不會立即實現。

因此，當規模擴大之後，我們仍然必須靠 1890 年代採用的技術：抽蓄發電（pumped storage）。先在高處興建一座水庫，用管路接到下游的另一座水庫，然後利用較便宜的夜間電力把水抽往高處，這樣就能在電力需求尖峰時轉動渦輪機。目前抽蓄發電占了全球儲存容量的 99% 以上，但必然會有大約 25% 的電能損耗。許多設施有超過 1 百萬瓩的短期容量，最大的容量約有 3 百萬瓩，而一座完全靠太陽能發電與風力發電的巨型都市，會需要不止一個設施。

不過，大部分的巨型都市都離抽蓄發電所需要的懸崖峭壁或深谷很遠，而像上海、加爾各答、喀拉蚩等許多大城，地處沿岸平原，唯有透過遠距傳輸，這些城市才有可能仰賴抽蓄發電。

我們顯然需要更小巧、更靈活、規模更大、成本更低的電力儲存，但奇蹟向來出現得很慢。

為什麼電動貨櫃船
是艱辛的航程

　　我們（尤其是西方國家的人）在家裡穿的或用的東西，差不多都曾裝在船上的貨櫃裡，讓柴油引擎從亞洲運往世界各地，排放出懸浮微粒和二氧化碳。仔細想想，我們當然可以做得更好。

　　畢竟電氣火車頭的歷史已經超過一百年，高速電力列車也有半個世紀以上了，近來我們還在擴展全球電動車隊。為什麼不弄電動貨櫃船呢？

　　事實上，第一艘電動貨櫃船就預定在 2021 年營運：由挪威公司海洋技術（Marin Teknikk）建造的亞拉伯克蘭號（*Yara Birkeland*），不僅是世界第一艘電動的零排放貨櫃船，而且還是第一艘無人駕駛的商船。

　　不過，現在還不到把超大型柴油動力貨櫃船拿來報廢的時候，這些貨櫃船仍在全球化經濟中扮演關鍵角色。以下的粗略計算可以解釋原因何在。

　　貨櫃有不同的尺寸，但大部分是標準的 20 英尺貨櫃當量（TEU），即長 6.1 公尺（20 英尺）、寬 2.4 公尺的長方柱。

圖 41　亞拉伯克蘭號的模型

1960 年代的第一批小型貨櫃船,只裝載了上百個 20 英尺標準貨櫃;如今,紀錄保持者是隸屬於瑞士地中海航運公司(MSC)、在 2019 年下水的四艘貨櫃船(*Gülsün* 號、*Samar* 號、*Leni* 號及 *Mia* 號),每艘都有 23,756 TEU 的裝載量。為了節省燃料,這些貨櫃船以非常慢(16 節,即 29.632 公里/小時[*])的速度航行時,從香港經蘇伊士運河到漢堡的 2.1 萬多公里航程要花三十天。

---

[*]　譯注:1 節＝ 1 海里/小時;1 海里＝ 1.852 公里。

現在來瞧瞧亞拉伯克蘭號。它的裝載量將只有 120 TEU，航海船速是 6 節，最長運行預期會有 30 海里（約 56 公里），大約能從挪威的席羅亞（Herøya）到拉維克（Larvik）。因此和這艘創新的電動船比起來，今天最先進的柴油貨櫃船可裝載近兩百倍的貨櫃，以三至四倍的船速航行近四百倍的距離。

要製造一艘裝載量與目前國際間常見的 18,000 TEU 貨櫃船同級的電動船，會需要些什麼呢？在一趟三十一天的航程中，現今效率最高的柴油船大部分需要 4,650 噸燃料（劣質的殘油或柴油），每噸所含的能源是 420 億焦耳，能量密度算出來就是每公斤約 11,700 瓦時（Wh），而今天的鋰離子電池是每公斤 300 瓦時，相差將近四十倍。

這趟航程需要的總燃料量大約是 195 兆焦耳（terajoule），也就是 54 百萬瓩時（GWh）。大型柴油引擎（裝在貨櫃船上的都是我們現有最大的柴油引擎）的效率大約是 50%，表示實際用來推進的能源是燃料總需求量的一半，也就是 27 GWh。為了滿足這個需求量，運轉效率 90% 的大型電動馬達大約需要 30 GWh 的用電量。

把當今能量密度最高（300 Wh/kg）的商用鋰離子電池裝在這艘船上，它還是得攜帶 10 萬噸左右的電池，才能在一個月裡從亞洲直達歐洲（電動車則裝有約 500 公斤，即 0.5 噸的鋰離子電池）。單單那些電池，就會占用最大載貨容量的四成左右，這在經濟上是極為昂貴的提案，更別說電動船充電與操作上牽涉到的難題了。此外，即使我們用超乎預期的速度，把電池能量密度提高到 500 Wh/kg，18,000 TEU 級的電動貨運船仍需要將近 6 萬噸的電池，才有辦法進行長程的洲際航行，而且船速相較之下還比較慢。

結論顯而易見。如果要讓電動船上的電池與馬達總重量，不超過當今大型貨櫃船上的燃料（約 5,000 噸）與柴油引擎（約 2,000 噸）重量，電池的能量密度就必須達到今天最好的鋰離子電池的十倍以上。

然而那確實是很難做到的事，畢竟在過去七十年內，最好的商用電池的能量密度都還沒提高到四倍。

實際的發電成本

在許多富裕國家，電價的長期軌跡隨著新世紀的到來而有了變化：不僅照當時幣值來算，價格一直上漲，甚至在通貨膨脹因素納入考量之後，實質價格也呈現上漲趨勢。即使如此，電力依舊是令人讚嘆的划算買賣，但正如我們所預期的，它是具有許多國家特色的便宜商品，不僅是不同來源的具體貢獻所致，還有政府持續管制的因素。

歷史的觀點顯示出價值非凡的軌跡，這解釋了電力在現代世界中的無所不在。把通貨膨脹納入考量（並以 2019 年的固定幣值來表示）之後，美國住宅用電的平均價格就從 1902 年（可查到全國平均電價的第一年）的每度 4.81 美元，降至 1950 年的 30.5 美分，在 2000 年又降至 12.2 美分；而在 2019 年年初，價格稍微升高了一點，到每度 12.7 美分。這等於相對下跌了超過 97%，或反過來說，現在 1 美元購買的電力是 1902 年的將近三十八倍。但在這段期間，製造業的平均（同樣經通貨膨脹調整後）工資增加到將近六倍，這代表在藍領家庭中，現在可負擔電力的能力差不多是一百二十年前的兩百多倍（經過收入調整後的有效成本，不到 1902 年電價的 0.5%）。

　　然而我們購買電力是為了把電能轉換成光能、動能或熱能，由於轉換效率提升，讓電力的最終用途變成更划算的買賣，當中又以照明提供的利益最為可觀。在 1902 年，一個鉭絲燈泡的發光效能是每瓦 7 流明；到 2019 年，可調光 LED 燈的效能是每瓦 89 流明。這就表示，現在勞工階級家庭可負擔一流明電燈的能力，大約是二十世紀初的兩千五百倍。

　　從國際的觀點來看則顯示出一些令人驚訝的差異。美國的住宅用電，比加拿大和挪威以外的任何富裕國家來得便宜；加拿大和挪威是水力發電占比最高的高所得國家（分別占 59% 和 95%）。如果採用現行匯率，美國住宅電價大約是歐盟平均電價的 55%，日本平均電價的一半，德國電價的不到四成。印度、墨西哥、土耳其和南非的電價，如果採用官定匯率來換

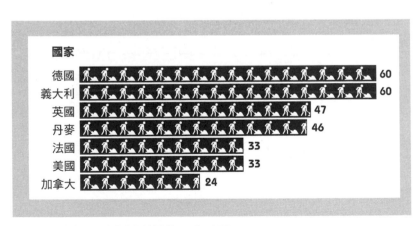

圖 42　支付 100 度電所需的工作時間

算，會比美國便宜，但以購買力平價來算就會高出許多：印度的電價是美國的兩倍多；土耳其是快要三倍。

讀到光電池成本驟跌（參見〈太陽光電緩慢增長〉，第154頁）以及風力發電訂價極具競爭力的相關報告時，天真的評論者或許會斷定，太陽能與風能等新興再生能源占比的增加將會開啟電價下跌的時代。但實際上，情況恰好相反。德國在2000年開始推動大規模又昂貴的能源轉型（Energiewende）計畫之前，住宅用電價格低廉且不斷降價，2000年時降到每度電不到0.14歐元的最低點。

在2015年，德國太陽能與風力發電容量加起來將近84百萬瓩，已經超過化石燃料發電廠的總裝置容量，而到2019年3月，超過兩成的電力來自新興再生能源，但電價在十八年內上漲一倍多，漲到每度電0.29歐元。因此，歐盟最大經濟體的電價位居歐陸第二高，僅次於每度電0.31歐元的丹麥（丹麥大量仰賴風力發電，2018年的發電量有41%來自風能）。類似的對照也可以在美國看到。在加州，隨著新興再生能源占比遞增，電價上漲的速度已達全國平均數的五倍多，目前比全國平均電價高出近六成。

能源過渡時期步調必然緩慢

在 1800 年，只有英國、歐洲幾個特定地區及中國華北地區燒煤生熱。世界初級能源有 98% 來自生質燃料，這種燃料主要來自木材和木炭；在森林遭砍伐的地區，能源則來自稻草與曬乾的動物糞便。到 1900 年，隨著煤礦開採規模擴大，以及北美洲和俄羅斯開始生產石油與天然氣，生質燃料在世界初級能源的占比就降至五成了；到 1950 年，它仍占將近 30%；而在二十一世紀初，占比已減少到 12%，但在撒哈拉以南地區的許多國家，它的占比仍維持在八成以上。顯然經過了一段時間，能源才從植物組織裡的新碳過渡到煤、原油、天然氣中的古代化石碳。

我們現在正處於一個更具挑戰性的過渡時期，也就是全球能源供應脫碳化的初始階段。為了避免全球暖化的最嚴重後果，就必須做到脫碳。和普遍的想法恰好相反，這段過渡期進展得不像大眾接受手機那麼快速。就它本身而言，世界一直在遇到碳，而非遠離碳（參見〈遇到麻煩的碳〉，第 288 頁），而相對來說，我們的獲益都維持在個位數。

1992 年，首次開放簽署《聯合國氣候變遷綱要公約》。那一年，化石燃料在全世界的初級能源當中占了 86.6%（把燃料與電力轉換為英國石油公司年度統計報告中偏好的公分母）。到 2017 年，占比變成 85.1%，二十五年間只減少了 1.5%。

　　全球能源過渡步調的這個重要指標，也許是提醒我們世界根本上持續仰賴化石碳的最有力事實。隔了四分之一個世紀只微幅減少 1.5%，那麼之後的二十五至三十年，非碳替代能源是否能夠取代八成左右的世界初級能源，以便在 2050 年之前接近零化石碳的目標？如果完全不採取溫室氣體減量措施，這個目標根本無法達成，所以看似可能發生的情況只有兩種，要麼全球經濟崩壞，不然就是以遠遠超出目前容量的步調和規

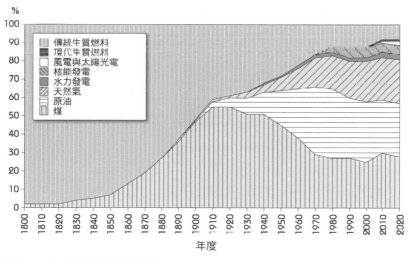

圖 43　全球能源過渡時期

模去採用新興能源。

　　漫不經心的讀者會受新聞報導影響，誤解風力發電與太陽能發電據稱的進展。這些再生能源確實一直有穩定且重大的進展：從 1992 年占全球供電量的僅僅 0.5%，成長到 2017 年貢獻了 4.5%。但這代表在那二十五年間，發電技術中的脫碳主要是因擴大水力發電，而不是太陽能與風力發電裝置兩者所導致的結果。再說，由於全球終端能源消耗只有約 27% 是用電，這些進展在整體碳排放減量所占的比例就更少了。

　　不過，太陽能與風力發電現在是成熟產業，而發電容量可以快速新增，也就加快了讓電力供應脫碳的步調。相較之下，有幾個重要的經濟產業非常依賴化石燃料，而且我們沒有任何非碳替代能源，可以迅速且大規模的取代這些化石燃料。這些產業包括長程運輸（現在幾乎全靠航空煤油供應噴射客機，柴油、重油、液態天然氣供應貨櫃船、散裝貨船與油輪）；超過 10 億噸的一級鐵（需要煤製成的煤焦來提煉鼓風爐裡的鐵礦）及超過 40 億噸的水泥（以劣質化石燃料在大型旋窯裡製成）的製造生產；還有近 2 億噸氨和大約 3 億噸塑膠的合成（用衍生自天然氣和原油的化合物作原料）；以及暖氣供應（現在以天然氣為主）。

　　這些是現實問題，而不是什麼一廂情願的想法，它們必然會影響我們對初級能源過渡期的瞭解。取代 100 億噸的化石碳，和每年讓小型行動電子產品銷量增加超過 10 億台，是完全不同的挑戰；後者是幾年內就能達成的業績，而前者是要花幾十年才能完成的任務。

運輸

我們如何行遍天下

縮短橫渡大西洋的旅程

　　長久以來，用大型帆船向東橫渡大西洋要花上三週，有時甚至是四週；朝西的航線是逆風而行，通常就需要六週。1833 年，第一艘輪船東渡大西洋；魁北克建造的輪船皇家威廉號（SS *Royal William*），先在加拿大新斯科細亞省停靠載煤，然後前往英國。直到 1838 年 4 月，輪船才開闢出西行的航線，而故事出乎意料的充滿戲劇性。

　　布魯內爾（Isambard Kingdom Brunel）是十九世紀的英國傑出工程師之一，他替大西方輪船公司（Great Western Steamship Company）計畫中的布里斯托─紐約航線設計建造大西方號輪船（SS *Great Western*）。這艘船在 1838 年 3 月 31 日準備就緒，不料船上起火，結果原定啟程日期延後到 4 月 8 日。

　　在此期間，英美合資的輪船航運公司（Steam Navigation Company）嘗試搶先一步，包下天狼星號輪船（SS *Sirius*），這是一艘專為往返愛爾蘭（倫敦─科克）製造的小型木造明輪船。天狼星號在 1838 年 4 月 4 日駛離愛爾蘭的科夫（Cobh），它的鍋爐在 34 千帕壓力下以 370 千瓦的最高引擎功率運轉（做個比較，2019 年款福特野馬跑車的額定功率是 342 千瓦）。這艘載著 460 噸煤的船，可航行將近 5,400 公里（2,916 海里），這個距離幾乎到得了紐約港，就只差一點。

相較之下，大西方號是世界最大的客輪，頭等艙有 128 張床。它的鍋爐也在 34 千帕的壓力下運轉，但引擎可以產生大約 560 千瓦（這是目前工業用柴油發電機的功率），而它在橫越大西洋的首航，平均每小時航行 16.04 公里（比目前最會跑的馬拉松選手來得慢，這些人的平均時速是 21 公里出頭）。平均時速 14.87 公里的天狼星號在 1838 年 4 月 22 日抵達紐約，總共花了 18 天 14 小時又 22 分鐘，即使早了四天啟程，還是

圖 44　布魯內爾的大西方號：靠明輪推進、以蒸汽引擎驅動、仍備有船帆索具的客輪

沒有擊敗比它更大更快的船。

　　後來的報導誇大了最後的衝刺過程，聲稱天狼星號把煤用完了，不得不燒船上的設備甚至桅杆圓材才抵達港口。這不是事實，不過它還真的必須燒幾桶樹脂。大西方號隔天抵達，總共航行 15 天又 12 小時，燒了 655 噸煤，但還剩下 200 噸。

　　蒸汽讓橫跨大西洋的航行時間節省了一半以上，紀錄也不斷刷新。到 1848 年，卡納德（Cunard）郵輪公司的輪船歐羅巴號（SS *Europa*）花 8 天又 23 小時就完成橫越。到 1888 年，有一趟跨洋旅程只花了 6 天多一點；而在 1907 年，蒸汽渦輪機驅動的皇家郵輪盧夕塔尼亞號（RMS *Lusitania*）以 4 天 19 小時又 52 分鐘的時間，贏得最快橫渡大西洋的藍絲帶獎（Blue Riband）。最後一個紀錄保持者是美國號輪船（SS *United States*），在 1952 年創下 3 天 10 小時又 40 分鐘的紀錄。

　　在下一個時代，活塞引擎的商用飛機花 14 個多小時就完成橫渡，但這個時代很短暫，因為到了 1958 年，美國第一架商用渦輪噴射機波音 707，就有倫敦飛紐約的定期航班，航程不用 8 個小時（參見〈噴射機時代從什麼時候開始？〉，第 199 頁）。至今巡航速率沒有太大的改變，波音 787 夢幻客機（Dreamliner）每小時飛 913 公里，倫敦到紐約的飛航時間仍然要 7.5 個小時左右。

　　又貴又吵且命運多舛的超音速協和式客機（Concorde），3.5 個小時就能辦到，但這款飛機已經退役，不會再飛上天了。現在有幾家公司正在發展超音速客機，空中巴士集團已經為巡航速率達聲速四倍半的極音速（hypersonic，或稱超高音速）概念申請專利，這種飛機從倫敦希斯洛（Heathrow）機場起飛後，短短一小時就會抵達紐約甘迺迪國際機場。

　　然而我們真的需要花費高出這麼多的能源代價，換得這麼快的速度嗎？和 1838 年天狼星號的年代相比，橫渡大西洋的時間已經縮短 98% 以上了，在高空中的時光剛好適合拿來讀一本厚厚的小說——或是這本書。

引擎比腳踏車更古老！

　　某些技術進展要麼因為缺乏想像力，不然就是受到一連串阻撓而延宕。對於這兩個因素，我想不到比腳踏車更好的例子了。

　　兩百多年前，在 1817 年 6 月 12 日，德國巴登大公國的林務官德萊斯（Karl Drais）在曼海姆（Mannheim）首次示範了他的「腳滑車」（Laufmaschine），後來也稱為德萊斯兩輪車（draisine）或木馬（hobby-horse）。它的座椅在中間，前輪負責操控方向，而且兩輪直徑一樣大，是往後所有需要持續保持平衡的交通工具的原型。不過，讓它向前推進的方式不是踩踏板，而是像卡通《摩登原始人》裡的主角弗萊德一樣，用雙腳輪流撐地。

　　德萊斯騎著他的笨重木製腳滑車，一個多小時裡跑了將近 16 公里，比普通的馬車還要快。但至少在今天看來，這種設計顯然很笨拙，而且當時適合的硬路面還不夠多。既然 1820 年之後的數十年間，有火車頭、輪船、製造技術等許多發明，為什麼會花那麼久才提出一種推進方式，讓腳踏車變得實用，可以給嬰兒以外的所有人騎乘呢？

有幾個答案清楚明瞭。木製腳踏車很笨重，而且能用來設計出耐用車體的廉價鋼製零件（車架、輪框、輻條）還沒有出現。在無鋪面的石子路上騎車，並不舒適。充氣輪胎到1880年代後期才發明出來（參見下一章）。此外，為了讓更多人接受這個本質上很休閒的交通工具，必須先增加城鎮居民的收入。

在1866年，拉勒蒙（Pierre Lallement）才替自己的腳踏車設計取得美國專利權，他採用直徑稍大一點的前輪，並在上頭加了踏板，藉此推動腳踏車前進。從1868年開始，米修（Pierre Michaux）讓這種舊式腳踏車（vélocipède）設計在法國變得普及。但米修踏板車沒有成為現代腳踏車的前身；它只不過是風行一時的新鮮玩意。

整個1870年代到1880年代初期，是高輪車（前輪大後輪小的老式腳踏車，也稱「普通」腳踏車）大行其道的時代，這種車的踏板直接加在前輪軸上，前輪的直徑大到150公分，而讓每踩一圈可前進的距離比較長。這些笨重的老式腳踏車雖然可以騎得很快，但很難坐上去，也很難控制方向；騎車的人必須敏捷、有耐力、能夠忍受摔倒的危險。

一直到1885年，才有兩位英國發明家史達利（John Kemp Starley）和薩頓（William Sutton）開始提出他們的羅弗安全腳踏車（Rover safety bicycle），這種車有大小相同的前後輪，可直接控制方向，利用鏈條與鏈輪驅動，還有鋼管車架。雖然車架還不完全是經典的菱形，但它是真正現代腳踏車的設計，已

圖 45 史達利的羅弗安全腳踏車

為大眾接受做好準備了。登祿普（John Dunlop）在 1888 年發明出充氣輪胎後，這個趨勢也跟著加速。

就這樣，由兩個同樣大的輪子、一個極簡金屬車架與一條驅動鏈條構成，要靠人力保持平衡的簡單交通工具，比瓦特改良蒸汽機（1765 年）晚一百多年，比機械設計上複雜許多的火車頭（1829 年）晚半個世紀，甚至比第一座商業發電廠（1882 年）晚幾年才出現——但卻和最早期的汽車設計同時出現；在 1886 年，三位工程師賓士（Karl Benz）、戴姆勒（Gottlieb Daimler）和邁巴赫（Wilhelm Maybach），把第一批輕型內燃機裝在三輪或四輪馬車上。

　　從 1886 到 1976 年，儘管汽車產生了巨大的變化，腳踏車設計卻還是非常傳統。第一輛專為登山越野設計的腳踏車在 1977 年才出現；像昂貴的合金、複合材料、形狀奇特的車架、實心胎、朝上彎的車把等新奇玩意，到 1980 年代才開始廣泛採用。

充氣輪胎的驚奇故事

　　出名的發明很少，而且通常帶著某個人或機構的名字。愛迪生的電燈泡與貝爾實驗室的電晶體，或許是這個很小的範疇中最引人注意的例子，雖然愛迪生並未發明電燈泡（而是改良出更耐用的燈泡），貝爾實驗室也僅只是重新發明了電晶體（李林菲爾德〔Julius Edgar Lilienfeld〕在 1925 年為這個固態元件申請專利）。

　　榮譽光譜的另一端則是範疇大得多的類別，都是些源頭不可考的劃時代發明。這當中最好的例子莫過於可充氣的輪胎，這種輪胎的發明者是登祿普，他是一個住在愛爾蘭的蘇格蘭人。登祿普的英國專利權，可追溯到一百三十多年前的 1888 年 12 月 7 日。

　　從固特異（Charles Goodyear）以硫化法（用硫加熱橡膠，來增加橡膠的彈性，這項技術在 1844 年取得專利）製造出耐用的橡膠，到登祿普發明充氣輪胎之前，最安全可靠的選擇是實心橡膠輪胎。這種輪胎雖然是對實心木製輪或鐵圈有輻輪的重大改良，但騎乘起來還是感覺搖搖晃晃的。

登祿普在 1887 年設計出原型，讓他兒子的三輪車騎起來不再顛簸。這是個粗糙的產品，就只是把充了氣的管子綁住，用亞麻布包起來，然後用釘子固定在三輪車的實心木輪上。

　　接著就有愈來愈多的狂熱腳踏車騎士，馬上採用改良版，隨後還成立了一家公司生產這些輪胎。然而，就像其他許多發明，登祿普的專利最後宣告無效，因為後來發現，另外一個蘇格蘭人湯姆森（Robert William Thomson）已經為這個構想申請過專利了，只是他從來沒有做出實際的產品。

圖 46　登祿普所騎的腳踏車裝了他發明的輪胎

儘管如此，登祿普的發明仍激發了其他人，替新發明出來的汽車設計更大的輪胎。1885 年，賓士的第一輛三輪專利汽車（Patent Motorwagen）採用實心橡膠輪胎；六年後，米其林兄弟安德烈（André Michelin）與愛德華（Édouard Michelin）推出他們為腳踏車製造的可拆卸橡膠輪胎，而在 1895 年，他們的兩人座汽車「閃電」（L'Éclair）成為第一輛採用充氣輪胎，參加全程將近 1,200 公里的巴黎－波爾多－巴黎公路賽的車子。由於閃電的輪胎每 150 公里就要換一次，所以最後只拿到第九名。

　　這是暫時的挫敗。輪胎的銷售成績很好，而那個身上一圈圈的「米其林寶寶」必比登（Bibendum），在 1898 年變成米其林公司的標誌。一年後，比利時的魚雷造型電動車「永不滿足」（La Jamais Contente）使用了米其林提供的輪胎，這輛車的最高時速可達 100 公里。米其林在 1913 年推出可拆裝的鋼圈輪胎，於是在車後行李箱放備胎就變得很方便，所以這個配置沿用至今。

　　2005 年，登祿普終於入選汽車名人堂（Automotive Hall of Fame），而登祿普這個品牌仍然存在，現在屬於全球第三大輪胎製造商固特異輪胎橡膠公司（Goodyear Tire and Rubber Company）。第一名是日本的普利司通（Bridgestone），但米其林緊追在後——米其林這家公司在業界保持領先一個多世紀，實屬罕見。

　　輪胎是工業時代的典型產物，厚實、笨重、造成汙染、仍很難清理，但即使處在資訊時代，我們還是需要愈來愈多的

輪胎。輪胎公司必須供應全世界每年近 1 億輛新車，以及全球
超過 12 億輛車汰換輪胎的需求。

　　登祿普對於他開啟的事物會大為吃驚。有些人把人工智
慧應該已經開始讓我們的世界無實體化說得天花亂墜，其實都
只是空話罷了。

汽車時代從什麼時候開始？

　　1908 年，福特（Henry Ford）在汽車產業已經工作了超過十年，而成立滿五年且已開始獲利的福特汽車公司，在此之前一直跟隨競爭對手的做法，迎合有錢人。它在 1906 年推出的 K 型車，售價約 2,800 美元，而同年推出的小型車款 N 型車，售價是 500 美元，差不多是普通人一年所賺的薪水。

　　隨後在 1908 年 8 月 12 日，位於底特律的皮科特大道車廠（Piquette Avenue Plant）組裝出第一輛福特 T 型車，從此開始了汽車時代。T 型車在 10 月 1 日上市。

　　福特的目標訂得很明確：「我要為大眾生產一款汽車。這款車子要夠大，適合家庭使用，但又要小到讓一個人就能夠駕馭並照料。它將採用最好的製造材料……仿照現代工程技術都能想出來的最簡單設計。然而它的價格也會夠低廉，凡是有份不錯薪水的人都買得起。」他的這些目標都實現了，一切多虧他的眼光，以及他招聘人才的能力，尤其是聘用了設計師威爾斯（Childe Harold Wills）、加蘭（Joseph A. Galamb）、法卡斯（Eugene Farkas）、勒夫（Henry Love）、史密斯（C. J. Smith）、

圖 47 福特 T 型車

戴格納（Gus Degner）和馬」（Peter E. Martin）。

　　四汽缸水冷式引擎可輸出 15 千瓦的功率（今天小型車的功率通常是這個數字的八倍），最高時速為 72 公里，且價格低廉。最受歡迎的車款「快跑」（Runabout），1909 年的售價是 825 美元，但設計與製造方面的不斷改良，讓福特在 1925 年把這款車降價到 260 美元，這相當於當時普通工人大約兩個半月的工資。如今，新車價格在美國平均是 34,000 美元，大約是十個月的薪資中位數；而在英國，受歡迎的小型車平均售價大約是 15,000 英鎊（約 20,000 美元）。

底特律的高地公園（Highland Park）車廠在 1913 年引進流動式組裝生產線後，帶來了很可觀的規模經濟：到 1914 年，車廠一天已能生產 1,000 輛。福特還決定支付前所未有的工資給不需特殊技能的非技術裝配工，以確保生產不間斷。在 1914 年，工資增加了一倍多，變成一天 5 美元，而且每天的工作時數縮短為八小時。

結果令人驚嘆。福特汽車公司在 1908 年生產了全美國 15% 的汽車，1914 年提高到 48%，1923 年更達 57%。到 1927 年 5 月停產時，福特公司一共銷售了 1,500 萬輛 T 型車。

福特站在製造業全球化的最前端，採用標準化製程，並把汽車組裝分散到世界各地。國外組裝最先從加拿大開始，接著分散到英國、德國、法國、西班牙、比利時、挪威，還有墨西哥、巴西與日本。

不過，福特雖然把很多心力押注在這款車上，它卻沒有成為汽車史上最暢銷的車子。這個寶座是屬於德國「國民車」福斯（Volkswagen）的金龜車。希特勒上台後不久，下令規範國民車的規格，堅持一定要有獨特的金龜子外形，還指定汽車工程師保時捷（Ferdinand Porsche）設計。

等到 1938 年為金龜車生產做好準備時，希特勒卻另有計畫，直到 1945 年，這款汽車才在英國占領區展開組裝。德國生產線在 1977 年結束，但第一代的福斯金龜車（VW Beetle，正式名稱為 Volkswagen Type 1）分別在巴西廠和墨西哥廠繼續組裝到 1996 年和 2003 年為止。最後一輛是在墨西哥普埃布拉（Puebla）生產的，編號第 21,529,464。

然而在許多方面，金龜車只不過是 T 型車的新型仿製品。
究竟是誰大量生產了第一款平價的小轎車，這點毫無疑義。

現代車輛的重量運載量比
很嚇人

　　一個世紀前，美國銷路最好的汽車是福特的 T 型車，這款車每 12 克的內燃機能榨出一瓦的功率。如今，最暢銷的美國車的引擎是每克輸出一瓦，提升了 92%。這是我準備在這一章透露的好消息。

　　現在要講不好的消息：美國的資料顯示，過去一百年間引擎平均功率增加到十一倍多，大約是 170 瓦；也就是說，儘管質量功率比（mass/power ratio）大幅下降，但現在的典型汽車引擎根本沒有比一個世紀前輕多少。普通的車子本身也變重許多：質量差不多變三倍，重達 1,800 公斤以上（這是所有輕載車輛的平均值，當中將近半數是皮卡小貨車、休旅車及多功能休旅車）。

　　由於美國有將近四分之三的通勤者獨自開車，算出的車輛乘客重量比就可能會是最大的。

　　這個重量比很重要。對於汽車工業談論「輕量化」（也就是利用鋁、鎂甚至碳纖維強化聚合物，來減少總重量）的一切，這個比率終究會限制能源效率。

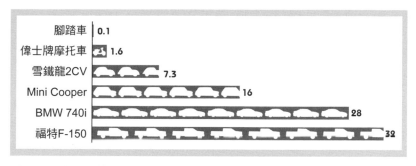

圖 48　重量運載量比（假設是 70 公斤的成人）

　　以下是一個 70 公斤乘客能達到的幾種重量比，由小到大排列：

- 7 公斤的腳踏車算出來是 0.1
- 義大利的 110 公斤偉士牌摩托車算出來是 1.6
- 現代公共汽車算出來是不超過 5，如果把同車乘客算進去的話
- 1950 年代法國的 510 公斤雪鐵龍 2CV 算出來是 7.3
- 1908 年推出的福特 T 型車，及日本在 1964 年 10 月開始營運的新幹線高速列車，算出來是 7.7（新幹線列車的節約比率〔frugal ratio〕要同時歸功於設計與高載客率）
- Smart 車款算出來是 12，Mini Cooper 算出來是 16，我的本田喜美 LX 算出來是 18，豐田 Camry 算出來是 20 多一點點

- 2013 年的普通美國輕載車輛算出來是 26
- BMW 740i 算出來是 28
- 賣得最好的美國車福特 F-150 算出來是 32
- 凱迪拉克 Escalade EXT 算出來是 39

　　把合適的車與駕駛人配對，當然可以算出很驚人的重量比。我常看到一位女士開著悍馬 H2（Hummer H2），這種車的重量很可能是她體重的五十倍，那就像用蒸汽挖土機趕蒼蠅一樣。

　　若要客觀來看，不妨想想最新的波音夢幻客機 787-10，它的效率比雪鐵龍小車更好。它的最大起飛重量是 254 噸；載著 23 噸重的 330 名乘客，還有 25 噸重的貨物，重量運載量比只有 5.3。

　　汽車之所以變重，是因為一部分的世界變得富裕，以及駕駛人嬌生慣養。輕載的車輛變得更大，配備更多功能，包括自動變速箱、空調、娛樂通訊系統，以及愈來愈多用來驅動車窗、後照鏡、可調式座椅的伺服馬達。此外，新式的油電混合傳動車與電動車配有很重的大電池，也不再輕巧：小型的純電動福特 Focus 重 1.7 噸，通用汽車公司（General Motors）的油電混合車 Volt 超過 1.7 噸，而特斯拉電動車比 2.1 噸再重一點。

　　設計得更輕會有幫助，但若要把重量運載量比減半（或減少至四分之一），顯然沒有比兩人或四人共乘更容易的辦法了，然而在美國，這是最難執行的措施。2019 年的《美國通勤狀況》（*State of the American Commute*）指出，將近四分之三的通勤者獨自開車上班。開車通勤的情況在歐洲就少得多（在英國是 36%），在日本的城市更少見（只有 14%），但在歐盟國家與日本，普通汽車尺寸都愈來愈大。

因此就某方面看來，把愈來愈好的引擎或電動馬達用在重型汽車上，將會產生機械化個人交通工具史上最不好的重量運載量比。

根據某種定義來說，這些汽車可能是智慧型的——但缺乏智慧。

為什麼電動車（還）沒有
我們想的那麼美好

　　讓我先發個免責聲明：我既不是在推廣電動車也不是要貶低電動車。我只是察覺，對電動車市場的不切實際預測，以及漠視這種車在生產和運轉過程中牽涉到的環境影響，已經動搖了大眾接受的理性理由。

　　不切實際的預測已經是常態了，未來也還會如此。德意志銀行（Deutsche Bank）在 2010 年預測，到 2020 年電動車會占全球市場的 11%，但實際上還不到 4%。而這種經驗比希望來得小的狀態仍會持續下去。最近針對 2030 年的預測是，電動車占全球汽車總數的比例多則 20%，少則 2%；彭博新能源財經（Bloomberg New Energy Finance）認為，到 2040 年將有 5.48 億輛電動車上路；埃克森美孚（Exxon Mobil）則預估只有 1.62 億輛。

　　電動車愛好人士也忽視了大規模轉換成電力傳動所造成的環境後果。如果電動車要減碳（也就把全球暖化的程度減到最少），所使用的電池就不能用燃燒化石燃料產生的電能來充電。但在 2020 年，全球用電有六成出頭來自化石燃料，大約

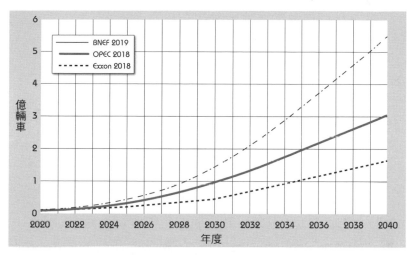

圖 49 全球電動車數量預測

12% 來自風能和太陽能,其餘則來自水力發電與核分裂發電。

全球平均來看,一輛電動車的用電仍有超過五分之三來自化石碳,但這個占比在各國之間與各國國內都有很大的差異。在我居住的加拿大曼尼托巴省,當地有超過 99% 的電來自大型水力發電站,所以電動車都是乾淨的水電車。約 97% 電來自水力的加拿大魁北克省,和約 95% 電來自水力的挪威,也接近乾淨水電車。法國約有 75% 的電來自核分裂,所以他們的電動車主要是核電車。

但在印度的大部分地區(特別是北方邦)、中國(尤其是陝西省)和波蘭,電動車絕大多數都是燃煤發電車。當我們有一種需求,但它的來源卻會積聚更多的化石燃料發電量,那麼最不需要做的事就是竭力要求趕快引進。

此外，即使電動車的用電都來自再生能源，但在生產水壩、風力機和太陽光電板所需的水泥與鋼鐵的過程中，當然還有在製造汽車的過程中，仍然會排放溫室氣體（參見〈車子或手機，哪個對環境比較有害？〉，第 274 頁）。

電動車生產還會對環境產生其他的衝擊。理特管理顧問公司（Arthur D. Little）根據二十年的汽車使用年限估計，製造一輛電動車所產生的毒性，是傳統汽車的三倍；主因是製造過程中會大量使用重金屬。同樣的，有一篇發表在《工業生態學期刊》（*Journal of Industrial Ecology*）上的詳細生命週期比較分析，發現電動車的生產過程不管對人類還是淡水生態系，基本上都有較高的毒性。

我並不是說這些是反對接受電動車的理由，我只是指出，在我們相信對電動車有利的任何偏激主張之前，必須評估並瞭解這項新技術的可能影響。我們不能只是單純去想像理想又無汙染的汽車，然後渴望它成真。

噴射機時代從什麼時候開始？

　　要推算噴射機時代從什麼時候開始並不容易，因為有許多不同的「首次」。

　　噴射動力飛機首次試驗性起飛，是德國海克爾（Heinkel）He 178 戰機在 1939 年 8 月的起飛試驗（幸好這架戰機很晚才服役，沒有影響第二次世界大戰的結果）。第一架商用設計噴射機，是英國德哈維蘭公司（de Havilland）的 DH 106 彗星客機，它在 1949 年 7 月首航，而這款噴射機在英國海外航空公司（British Overseas Airways Corporation）的第一個商用航班始於 1952 年。可是，失事四次（1952 年 10 月在羅馬附近，1953 年 5 月在加爾各答，1954 年 1 月又在羅馬附近，1954 年 4 月在拿坡里附近）導致彗星機隊停飛；重新設計的新型彗星飛機，在 1958 年 10 月 4 日進行了橫渡大西洋首航。在此期間，蘇聯圖波列夫公司（Tupolev）的民航機 Tu-104 在 1956 年 9 月開始國內線服務。

　　但有人會強辯說，噴射機時代始於 1958 年 10 月 26 日，也就是泛美航空（Pan Am）波音 707 飛機每日從艾德維爾德機場（Idlewild Airport，今天的甘迺迪國際機場）往巴黎的定期航班的首飛日。

有幾個理由證明這個選擇是合理的。重新設計的彗星客機太小，又不賺錢，無法開創一個設計王朝，也沒有後繼的機型。同時，圖波列夫的飛機只使用於前蘇聯國家。然而波音707卻開創了業界最成功的設計家族，在豐富多變的陣容中陸續增添十個機型，讓家族持續前進。

1963年的三引擎波音727，是頭一個第二代機種；1969年推出的四引擎747，可能是現代航空學上最具革命性的設計；最新加入的787夢幻客機系列在2011年推出，主要使用碳纖維複合材料製造而成，現在能夠飛歷時超過17小時的航線。

707有軍機血統：它最初是空中加油機的原型機，進一步發展之後製造出平流層加油機KC-135A，最後發展成四引擎客機，使用普惠公司（Pratt & Whitney）製造的小直徑渦輪噴射引擎，每具引擎的推力大約是5萬牛頓。對照一下，今天的787使用兩具奇異公司GEnx-1B高旁通比渦輪風扇引擎，每具引擎在起飛時產生的推力超過30萬牛頓。

1958年10月26日，707客機「美國快船號」（Clipper America）的定期航班首飛之前有個歡送儀式，接著是泛美當時的總裁崔普（Juan Trippe）致詞，還有美國陸軍樂隊表演。雖然111位乘客和12位機組人員必須在加拿大紐芬蘭島的甘德（Gander）國際機場臨時停留，但即使如此，他們依然能在飛離紐約8小時又41分鐘後，降落在巴黎－勒布爾熱（Paris-

圖 50 歡送波音 707 首航

Le Bourget）機場。到 12 月時，這架飛機已經在飛紐約－邁阿密航線，在 1959 年 1 月又開闢了第一個橫貫東西岸，從紐約飛洛杉磯的航班。

　　1970 年引進廣體客機（首先是波音 747，接著是麥道公司的 DC-10 和洛克希德的 L-1011）之前，波音 707 是主要的長途噴射客機。其中一架在 1969 年載著我和妻子從歐洲來到美國。

　　波音家族逐步改良，產生了一個性能非常優越的機種：波音 787 夢幻客機。在標準的兩種艙等（商務艙和經濟艙）配置中，第一架夢幻客機的載客量比首個型號 707-120 多了 100

人，最大起飛重量是 707-120 的將近兩倍，最大航程幾乎是兩倍遠。然而夢幻客機每延人公里（passenger-kilometer）的耗油量，比 707-120 減少 70%。由於 787 是碳複合材料製造的，因此機艙內可以加壓，模擬出來的海拔高度比鋁合金機身容許的更低，也就會讓乘客更加舒適。

　　波音公司最後總共生產了一千多架 707。1983 年，泛美航空讓那架已經退役的飛機進行二十五週年紀念飛行，載著大部分的原班機組人員飛往巴黎。不過這不是 707 的最後一次服役，有幾家非美國籍航空公司，到 1990 年代還在使用不同型號的 707 客機，伊朗的薩哈航空（Saha）甚至使用到 2013 年才退役。

　　儘管今天只能在噴射機廢棄場找到 707，它在歷史上的地位仍然屹立不搖。它象徵著商用噴射機飛航發展中，有預期效果又有回報的第一步

為什麼煤油影響廣泛

　　若想打造一個沒有碳排放的世界,最大的挑戰之一就是淘汰以煤油為主的噴射機燃油。航空業大約只占全球碳排放量的 2%,而占交通運輸總排放量的 12% 左右,但對飛機來說,轉換成電力驅動的難度要比汽車與火車高出許多。

　　當今最常用的噴射機燃油配方叫 Jet A-1,它有幾個優點。不僅能量密度很高,每公斤含 42.8 百萬焦耳(比汽油稍微低一點,但可以在零下 47°C 的低溫保持液態),而且在成本、高空蒸發損失、勤務期間起火風險等方面,它都勝過汽油。真正的競爭對手目前還沒有出現。容量大到能供應載客數百人長途飛行的電池,仍是科幻小說裡才有的東西,而短時間內我們也不會看到以液態氫為燃料的廣體客機。

　　我們需要一種等同於煤油,但來自植物或有機廢物的燃料,這樣的生物噴射機燃油在燃燒過程中釋放的二氧化碳,不會比植物生長過程中吸收的二氧化碳多。這個概念驗證已經得到證明:從 2007 年起,混合使用 Jet A-1 和生物噴射機燃油的試飛證實了,這種混摻油料適合當作現代飛機的臨時替代品。

那時候約有十五萬個班次使用混合燃油，但只有五座主要機場經常配送生質燃油（挪威的奧斯陸與斯塔萬格機場，瑞典的斯德哥爾摩機場，澳洲的布里斯本機場，及美國的洛杉磯機場），其餘都是偶爾供應。

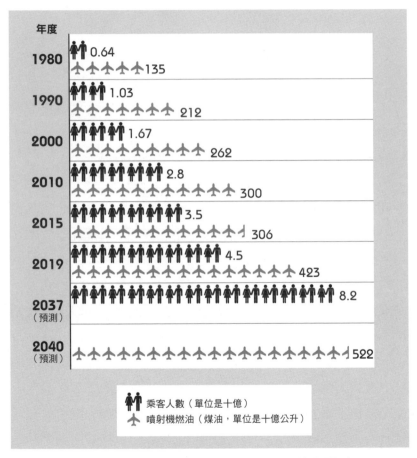

圖 51　航空公司乘客人數與噴射機燃油：歷史紀錄和預測

美國最大的航空公司聯航（United）使用生質燃油的情形，就清楚說明了所需的替代燃料量多麼驚人：聯航與某家生質燃油供應商的合約，將提供該公司每年耗油量的 2% 而已。目前的大型客機確實愈來愈省油；與 1960 年相比，現在客機每延人公里的耗油量大約減少了五成。但是航空業不斷擴展，讓全世界每年的噴射機燃油消耗量增加到 2.5 億噸以上，省下的那些燃油就如杯水車薪一般。

　　如果要大量使用生物噴射機燃油來滿足這個需求，必須考慮的就不只是有機廢物，還得開發富含油的季節性作物（玉米、大豆、油菜籽）或多年生油料作物（棕櫚），而耕種這些作物會需要很大的土地面積，造成環境問題。

　　溫帶氣候油料作物的產量相對來說比較少：以每公頃大豆平均生產 0.4 噸生物噴射機燃油的產量來計算，美國就必須有 1.25 億公頃的土地用來耕種大豆，才能供給自己的噴射機燃油需求——這塊土地的面積比德州、加州、賓州加起來還要大，比南非稍大一點；美國在 2019 年用了 3,100 萬公頃來耕種大豆，這塊土地足足有四倍。即使選擇了產量最高的油棕，以每公頃平均生產 4 噸生物噴射機燃油計算，仍需要超過 6,000 萬公頃的熱帶森林，才能夠供給全世界的航空燃油，這必定會讓用於油棕耕種的面積增加三倍，導致自然生長過程中累積的碳釋放出來。

　　然而，既然可以從富含油的藻類取得生質燃料，為什麼還要收購大片土地呢？集約式大規模的藻類栽培，所需要的空間相對來說比較小，而且能提供非常高的生產力。但艾克森美孚的經驗顯示，要讓生物噴射機燃油的產量增加到每年數千萬噸，實在太苛求了。艾克森美孚和凡特（Craig Venter）的合成基因體學公司（Synthetic Genomics）合作，在 2009 年開始研究這個選項，可是到 2013 年，在花費超過一億美元之後，斷定挑戰太大，決定把更多精力集中在長期基礎研究上。

　　一如往常，如果我們減少浪費，例如少搭飛機，就會讓能源替代任務變得比較容易，不過預測都說空中交通會更大幅增長，尤其在亞洲。我們要習慣航空煤油的明顯氣味，它還會留存很長一段時間，而且我們將在下一章看到，它是極其安全的飛行器燃料。

搭飛機有多安全？

　　你可能會以為 2014 年是航空史上最不平靜的一年。有四次備受報導的空難：3 月時，馬來西亞航空 370 號班機離奇消失；7 月時，馬來西亞航空 17 號班機在烏克蘭上空遭擊落；同樣在 7 月，阿爾及利亞航空 5017 號班班在馬利（Mali）墜毀；最後是 12 月時，印尼亞洲航空 QZ8501 班機失事墜入爪哇海。這四場空難一共造成 815 人死亡。*

　　但根據航太新聞資訊網站全球飛航（FlightGlobal）中，監控航空事故的諮詢服務部門登高（Ascend）的資料，實際上 2014 年的失事率是航空史上最低的：每 238 萬飛行架次發生一次致命事故。沒錯，登高並沒有把馬航 MH 17 遭擊落算進去，因為那是戰爭行為，不是飛機失事。如果像國際民航組織（International Civil Aviation Organization）所做的統計，把這個意外事件包括在內，算出來的失事率就會上升至每百萬次離場發生 3.0 次──還是比 2009 至 2011 年低得多。

---

* 編注：2014 年 7 月台灣發生復興航空 222 號班機空難，有 48 人死亡。

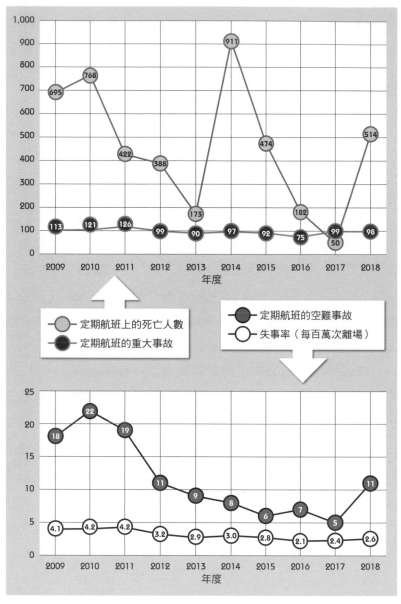

圖 52　搭飛機有多安全？

隨後幾年更加安全：死亡人數在 2015 年減少到 474 人，2016 年降至 182 人，2017 年僅 99 人。2018 年出現反轉，有 11 件空難，514 人死亡（仍少於 2014 年），包括印尼獅子航空（Lion Air）波音 737 Max 客機在 10 月墜入雅加達外海。而在 2019 年，儘管又有一架波音 737 Max 客機墜毀（這次是在衣索比亞），但死亡總人數為 2018 年的一半。

無論如何，要讓人對這個問題更有感，比較好的做法是用每位乘客每飛行小時的風險來呈現問題，所需的數據都在國際民航組織的年度安全報告中，這份報告會涵蓋大型噴射客機與較小型的通勤飛機。2017 年是商業飛行迄今最安全的一年，國內與國際班機載客人數有 41 億人，共計 7.69 兆延人公里（passenger-kilometer），死亡人數僅 50 人。若平均飛行時間約 2.2 小時，就代表約 90 億延人小時（passenger-hour），而每人每飛行小時的死亡人數是 5.6×10^{-9} 人。但這個風險有多低呢？

拿一般的死亡率常衡量標準就很清楚風險多寡。死亡率是每年每 1,000 人的死亡人數，在富裕國家，現在的死亡率在 7 到 11 之間；我接下來會用 9 作平均數。由於一年有 8,760 小時，所以按比例計算平均死亡率就得出，每人每存活小時的死亡人數是 0.000001，即 1×10^{-6} 人。這就代表，死於航空事故的平均額外可能性只有存活著的風險的 5/1000，因吸菸而死亡的風險是這個數字的一百倍，開車的死亡風險也是一百倍這麼高。總而言之，搭飛機從來沒有像現在這麼安全。

老年人的年齡別死亡率（age-specific mortality）顯然高得多：對我這個年齡組（75 歲以上）的人，大約是每 1,000 人有

35 人或每小時有 4×10^{-6} 人死亡；意思就是，在一百萬個 75 歲以上的人當中，每小時有 4 人死亡。我在 2017 年的飛行里程有十萬多公里，在空中待了一百多個小時，所搭的是四家主要航空公司的大型噴射機，這幾家航空公司最近一次發生重大事故分別是在 1983、1993、1997 及 2000 年。我在高空每小時的死亡機率，甚至比我留在地面上的死亡機率高不到 1%。

我當然遇過幾次很驚險的時刻。最近一次是在 2014 年 10 月，當時我搭的加拿大航空波音 767 客機，飛進盤旋在日本上空的強烈颱風的亂流邊緣。

不過我絕對不會忘記，寂靜的病房才是真正該避開的地方。雖然按照可預防醫療疏失的最新評估，已大幅降低了先前對於相關風險的誇大其辭，但住院仍然提高了暴露在細菌與病毒中的機會，這就增加了院內感染的風險，特別是老年人。所以繼續搭飛機，少去醫院！

飛機、火車和汽車，
哪個最節能？

　　我並不厭惡汽車和飛機。幾十年來，我都是開著一輛接一輛可靠的本田喜美代步，而且多年來我在各大洲間每年飛行至少十萬公里。在這兩個極端（譬如開車去某家義大利食材專賣店，搭機從溫尼伯飛往東京），主要的交通工具是汽車和飛機。

　　能源密集度（energy intensity）是關鍵。當我的喜美只載著我這個乘客，城市駕車所需要的能源大約是每延人公里（pkm）2百萬焦耳（MJ），多加了一個乘客之後，這個數字就降到 1 MJ/pkm，相當於一輛坐滿一半的大客車。噴射客機的效率高得出奇，能源消耗通常是 2 MJ/pkm 左右，在班機全滿及最新型飛機設計的情況下，甚至可以做到少於 1.5 MJ/pkm。大眾運輸列車當然出色多了，在高載客量下，效率最高的地鐵需耗用的能源不到 0.1 MJ/pkm。不過，即使在擁有密集地鐵電車網的東京，最近的車站可能會在超過一公里外，對許多行動不便的人來說太遠了。

　　但這些運輸方式的能源密集度，都無法和城市間的高速列車相提並論，這些列車通常行駛在 150 至 600 公里長的路線上。日本較舊型的子彈列車（新幹線），能源密集度大約是 0.35 MJ/pkm；較近期的高速列車設計，如法國的 TGV 和德國的 ICE，通常只需消耗 0.2 MJ/pkm，比飛機少一個數量級。

同樣重要的是，高速列車的確很快。來往於里昂與馬賽間的法國高鐵 TGV，100 分鐘可行駛 280 公里，從里昂市區直通馬賽市區。相較之下，距離差不多的定期商用班機快上一些，例如從紐約拉瓜迪亞機場到波士頓洛根機場大約有 300 公里，飛行時間是 70 分鐘。接下來，還得加至少 45 分鐘的登機報到時間，從曼哈頓市區到拉瓜迪亞的至少 45 分鐘車程，以

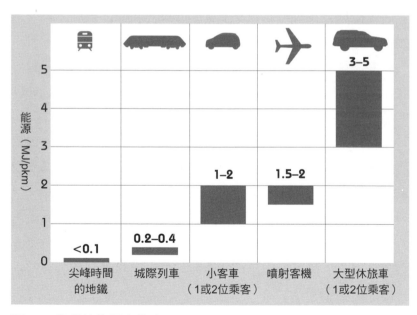

圖 53　旅行的能源密集度

及從洛根到波士頓市區的 15 分鐘車程，這樣就會讓整個交通時間增加到 175 分鐘。

在一個基於理性，講求便利性、時間、低能源密集度、低碳轉換的世界裡，高速電車始終是這種距離的首選交通方式。歐洲是天生的火車國度，它已經做了這個決定。美國和加拿大雖然缺乏人口密度可拿來合理解釋這些連通城市的密集交通網，但這兩國還是有很多適合以高速列車往來的成對城市，只不過，這些成對城市間全都沒有高速列車。美國國鐵（Amtrak）往返波士頓和華府之間的阿斯勒（Acela）特快車，距離高速列車的標準還很遠，因為平均時速只有 110 公里而已。

這就讓美國（還有加拿大和澳洲）在高速列車運輸發展上顯得落後，但曾經有一段時間，美國擁有世界最好的火車。1934 年，也就是奇異公司製造出第一個柴油火車頭十一年後，芝加哥、伯靈頓和昆西鐵路（Chicago, Burlington and Quincy Railroad）開始營運流線型不鏽鋼車體的先鋒者微風號（*Pioneer Zephyr*），是一種 600 馬力（447 千瓦）、八汽缸、二衝程的柴電聯車。這樣的功率讓微風號有可能行駛得比當今的阿斯勒還要快，在丹佛到芝加哥的 1,600 多公里長途鐵路上，它平均每小時可行駛 124 公里。

然而美國現在實際上毫無趕上中國的希望。中國現在擁有世界最長的高鐵網路，連通人口稠密的東半部各大城市，高速鐵路總長度已達 29,000 公里。

糧食

讓我們自己充滿活力

沒有合成氨的世界

　　十九世紀末的時候，化學與植物生理學的進展已經清楚顯示，氮是作物栽培上最重要的巨量營養素（需要量比較大的元素）。植物也需要另外兩種巨量營養素磷與鉀，和各種微量營養素（從鐵到鋅等元素，需要量全都很少）。荷蘭小麥收成不錯時，每公頃有 9 噸收穫量，將含有約 10% 的蛋白質或 140 公斤的氮，但磷與鉀各只有大約 35 公斤。

　　傳統農夫靠兩種方式供應作物所需的氮：再次利用任何可用的有機物質（稻稈或麥稈、莖葉、人和動物的糞便），以及讓糧食作物或油料作物與豆科植物（苜蓿、三葉草、大巢菜等覆蓋作物，以及大豆、菜豆、豌豆、扁豆等食用作物）輪作。這些豆科植物能夠自己供給自己所需的氮，因為附著在根部的細菌可以「固氮」（把氮從空氣中的惰性分子，轉變成生長中的植物可利用的氨），而且還留了一部分給隨後種植的糧食作物或油料作物。

　　第一種方式很費力，尤其是要收集人和動物的糞便，然後讓糞便發酵再施到田裡，但糞便和水肥的氮含量比較多，通常有 1 至 2%，而麥稈、稻稈或植物莖裡的氮含量則不到 0.5%。第二種方式需要輪作，不能持續栽種稻米或小麥等主要糧食作物。由於對主要穀物的需求隨著人口增長及都市化而增加，因此如果要滿足未來的糧食需求，農夫顯然就必須有新的固定氮（fixed nitrogen）合成來源。固定氮就是種植作物可以吸收利用的氮形式。

到 1909 年，終於成功找出合成方法，卡爾斯魯厄大學的化學教授哈柏，示範如何在有金屬催化劑、高壓高溫的情況下製造出氨。第一次世界大戰和 1930 年代的經濟危機，導致世界各地很慢才開始採用哈柏－博施法（Haber-Bosch process），但全球人口從 1950 年的 25 億成長到 2020 年的 77.5 億，所帶

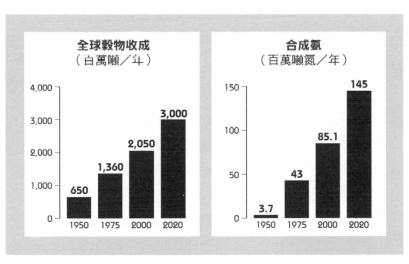

圖 54　全球穀物收成

來的糧食需求,讓合成氨的需求量暴增,從 1950 年不到 500 萬噸,增加到近幾年的 1.5 億噸。如果沒有施用關鍵的合成氨,主要穀物產量大概就不可能大幅增加(參見〈大幅增加的小麥產量〉,第 220 頁),養活今天的全球人口。

全世界作物的氮需求總量,目前約有一半來自哈柏-博施法合成氨生產的合成氮肥,最常見的產品是固體尿素,其餘則由輪作的豆科作物、有機再利用的糞便和作物殘株及大氣氮沉降來供應。

由於現在作物供應了所有食物蛋白質的大約 85%(其餘來自牧場和水產),這表示如果沒有合成氮肥,我們就無法獲取足夠的食物做為 30 億人的主要飲食——30 億比中國與印度兩國的人口加起來還要多(在中國,合成氮肥已經占了總施肥量的六成以上)。隨著亞洲部分地區與整個非洲的人口愈來愈多,依賴合成氮肥的人數占比很快就會上升到五成。

中國仍然在利用煤當原料生產一部分的氨,但其他地方採行的哈柏-博施法,基本上是從空氣中取氮,從天然氣(主要是甲烷)取氫,同時也利用天然氣供給合成所需的大量能源。結果,全球的氨合成以及後續固體與液體氮肥的生產、配銷和施用,現在大約占了全球溫室氣體排放量的 1%,而且我們沒有任何商業化的非碳替代品,能夠很快就拿來利用,應付每年生產近 1.5 億噸氨的龐大規模。

緊接著更令人擔憂的,是因施肥造成的大量氮流失(揮發、淋溶和脫氮作用)。硝酸鹽會汙染淡水和沿海,導致死區擴大;硝酸鹽的大氣沉降會造成自然生態系酸化;一氧化二氮

（N$_2$O）現在是僅次於二氧化碳和甲烷的第三大溫室氣體。最近有一項全球評估作出的結論是，自 1960 年代早期，氮肥利用率實際上已經降至約 47%，這表示有超過一半的施肥量並未由收割的作物吸收，而是流失掉了。

　　富裕國家對合成氮的需求已達飽和，但要養活非洲接下來五十年會出生的大約 20 億人口，就需要大幅增加合成氨。為了減少未來的氮流失，我們應該想盡辦法提高肥料利用率、減少糧食浪費（參見〈不可原諒的全球糧食浪費量〉，第 224 頁）、適量食用肉類（參見〈理性吃肉〉，第 242 頁）。不管我們怎麼做，都無法完全避免氮流失，但這就是人口從 1900 年的 16 億人增加到 2100 年的 100 億人所要付山的代價。

大幅增加的小麥產量

在法國中部、美國堪薩斯州東部或中國河北省南部，小麥的平均產量有多少？

除了農夫、賣機器和化學肥料給農夫的人、提供農夫諮詢的農藝學家，以及培育作物新品種的科學家，很少人能馬上回答出來。這是因為在現代社會中，除了極少部分的人，幾乎已經快要完全脫離和作物耕種有關的一切事物了。當然，吃那些作物的製品除外：每根鬆脆的長棍麵包、每個牛角麵包、每片漢堡圓麵包，以及每片披薩、每個饅頭和每條又彎又長的拉麵，源頭都是小麥。

不過，就連自認為受過高等教育，見多識廣，能夠指出汽車改良性能、電腦或手機功能愈來愈強大的那些人，也不會知道二十世紀的主要糧食作物平均產量究竟是變成三倍、五倍，還是增加了一個數量級。然而，正是因為糧食作物（而不是手機功能或雲端儲存空間）以這樣的倍數增加，1900 至 2020 年間的全球人口才有可能成長到將近五倍。那麼，世界主要作物小麥的產量發生了什麼事呢？

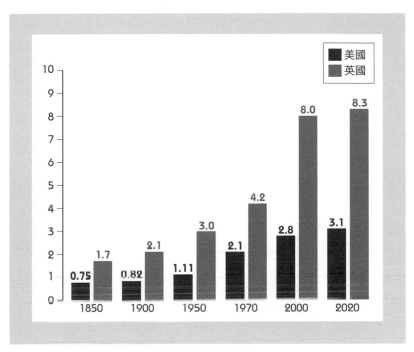

圖 55　小麥產量（噸／公頃）

　　小麥的傳統產量很少又非常起伏不定，而且長期趨勢重建出來後仍然沒有定論，甚至連相對來說有近一千年來大量文獻記載的英國小麥產量史，情況也是如此；在那些資料中，通常會以種植種子獲得的收益代表產量。收成不好的時候，有多達 30% 的產量必須留到隔年當種子用，而且比例經常在 25% 以上。

　　在中世紀初，收成往往只有每公頃 500 至 600 公斤，也就是每公頃 0.5 噸那麼少。直到十六世紀，每公頃 1 噸的產量才成為常態，而到 1850 年，平均產量達到約每公頃 1.7 噸，大約是 1300 年產量的三倍。接著就有了一組措施，例如將會固氮的豆科作物納入輪作、農田排水、更密集的施肥，以及作物新品種等，把產量提高到每公頃 2 噸以上，而當時在法國的產量仍然只有每公頃 1.3 噸，美國大平原遼闊的農地生產量也僅僅每公頃 1 噸左右，連遲至 1950 年的全國平均產量都還是如此！

經過幾個世紀緩慢的小幅進展，產量才在矮莖的小麥引進之後有了關鍵的提升。從布呂格爾 * 畫作中可以看到，傳統的小麥株幾乎和拿著鐮刀割麥的農夫一樣高，長出來的麥稈是麥粒的三到五倍。日本以東亞小麥為基礎進行培育，在 1935 年發布了第一個現代矮莖小麥品種。第二次世界大戰後，有人把這個品種帶到美國，交給墨西哥國際玉米小麥改良中心（CIMMYT）的布勞格（Norman Borlaug），在 1962 年，布勞格的團隊培育出兩個高產量的半矮生種小麥，長出的麥粒和麥稈一樣多。布勞格獲頒諾貝爾獎；世界有了史無前例的收成。

從 1965 到 2017 年，全球小麥平均產量提高了幾乎兩倍，從每公頃 1.2 噸增加到 3.5 噸；亞洲的平均產量提高兩倍多，從每公頃 1 噸增加到 3.3 噸；中國的平均產量提高四倍多，從每公頃 1 噸增加到 5.5 噸；至於五、六十年前產量已經很高的荷蘭，平均產量也提高了一倍多，從每公頃 4.4 噸增加到

---

* 　譯注：布呂格爾（Pieter Bruegel the Elder）是文藝復興時期法蘭德斯畫家，擅長描繪農民生活。

9.1 噸！在那段時間，全球小麥收成增加了幾乎兩倍，達到將近 7.75 億噸，同時人口成長了 2.3 倍，人均供應量增加了約 25%，使全世界享有供給充足的麵粉，可製成脆皮德國農夫麵包（用小麥麵粉和裸麥粉製成）、日本烏龍麵（小麥麵粉、少許鹽、水），及經典的法國千層派（製作酥皮麵團的材料只有麵粉、奶油和少許的水）。

但有一些令人擔憂的事。小麥的平均產量不僅在生產力最高的歐盟國家漸趨穩定，在生產力仍比歐盟平均產量低得多的中國、印度、巴基斯坦與埃及，也有這樣的趨勢。原因包括受環境影響的氮肥使用限制，某些地區缺水等等。儘管如此，大氣中較高的二氧化碳濃度應該會對小麥的產量有益，而農藝改良應該也能填補產量上的部分缺口（某地區的產量潛力與實際生產力之間的差距）。但無論如何，倘若我們最後最後終於能夠減少多到說不過去的糧食浪費，所需的小麥自然就會大幅減少。

不可原諒的全球糧食浪費量

必須得說，世界正以非常過分、不可原諒的規模在浪費糧食，即使把我們對全球環境狀況與人類生活品質等所有其他關注都納入考量，也完全無法理解。聯合國糧農組織（Food and Agricultural Organization）估計，全球每年在根菜類、水果、蔬菜的損失為 40 至 50%，魚類為 35%，穀物為 30%，油籽、肉類和乳製品為 20%。這表示從全球來看，收成的糧食至少有三分之一是浪費掉的。

浪費糧食的原因不一而足。在最貧窮的國家，最常見的原因是存放得不好，導致老鼠、昆蟲和真菌盡情享用未妥善存放的種子和蔬果，或是沒有冷藏，使得肉類、魚和乳製品迅速腐敗。這也是為什麼在非洲撒哈拉以南的地區，大部分的浪費在糧食還沒到達消費者之前就發生了。然而在富裕的世界中，主因純粹就是生產過剩和實際消費之間的差距：儘管經常飲食過量，但一般而言，大多數的高所得國家提供公民的食品供應量，已能夠滿足辛勞工作的伐木工人或礦工的需要，對於長時間久坐與上了年紀的居民來說則是太多。

想也知道美國是最主要的犯規者，而且可用來量化生產過剩的資訊很多。美國的每日食品供應量平均是每人約 3,600 千卡——幸好那是供應量，不是消費量。

想想看，如果省略每天需要量不到 1,500 千卡的嬰兒和足不出戶的八旬長者，那留給成年人的就會超過 4,000 千卡：美國人也許吃得太多，但總不可能每天都吃那麼多。美國農業部以「食物腐敗及其他浪費」調整了數字，估算每人每天的平均實際可消費量為 2,600 千卡。但就連這個數字也不完全正確。依照「美國健康營養研究調查」所做的自身通報食品消費量調查報告，以及根據預期代謝需求量所計算的結果，都顯示美國人每天的實際平均攝取量大約是每人 2,100 千卡。拿供應量 3,600 千卡／人減去攝取量 2,100 千卡／人，就算出損失了 1,500 千卡／人，意思是約有四成的美國食品是浪費掉的。

情況並非一直是如此。1970 年代初，美國農業部經零售前浪費調整後，估算每人每天平均食品可用度不到 2,100 千卡，比現在少了將近 25%。美國糖尿病與消化和腎臟疾病研究所（National Institute of Diabetes and Digestive and Kidney Diseases）估計，1974 至 2005 年間，美國每人的食物浪費增加了 50%，此後問題變得更加嚴重。

但即使美國每人每天的平均食品損失維持在 1,500 千卡，簡單計算之後仍然顯示，在 2020 年人口約 3.33 億的情況下，浪費掉的食物原本可以提供約 2.3 億人充足的營養（每人 2,200 千卡）；2.3 億比巴西的總人口數略多一點，而巴西是拉丁美洲最大的國家，也是世界人口排名第六的國家。

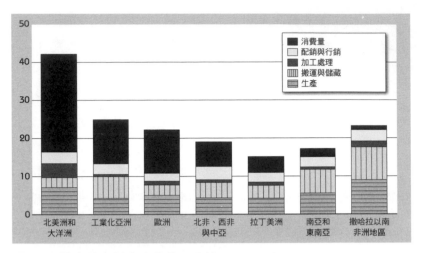

圖 56　供應鏈中糧食浪費的百分比

　　然而，美國人在浪費食物的同時，仍在吃下更多的食物，遠超過對他們有益的量。從 1962 到 2010 年，肥胖（依身體質量指數 BMI 的定義，30 以上就是肥胖）的盛行率攀升了一倍多，在 20 歲以上的成年人當中，從 13.4% 升高到 35.7%。把這個數字再加上僅僅只是過重（BMI 介於 25 到 30 之間），你會發現在成年人中，有 74% 的男性和 64% 的女性體重過重。最令人擔憂的是，由於肥胖通常是一輩子的狀態，因此在六歲以上的兒童當中，肥胖的比例現在也超過五成了。

　　英國的廢棄物暨資源行動計畫（WRAP）在仔細追查食物浪費的現象之後，提供了不同的觀點。在英國，一年的食物浪費量總共達 1,000 萬噸左右，價值約 150 億英鎊，差不多 200 億美元，但不可食用的皮、果皮、骨頭等部分僅占這個總數的三成，這表示浪費掉的食物有七成是本來可以吃掉的！WRAP 還記錄了浪費過程的原因：有將近三成的浪費是因為「未在有效期限內食用」，三分之一是因為超過「賞味」期限，約 15% 是因為烹煮或供應得太多，剩下的則是出於其他原因，包括個人喜好、挑食和不小心。

然而，糧食的損失不只是營養浪費掉了，還必然會浪費大量的勞力與能源，而能源又分為直接使用於農田機械和灌溉用泵，以及間接用來製造那些機械設備與合成肥料和農藥所需的鋼、鋁、塑膠。超出的農作也會造成土壤侵蝕、硝酸鹽淋溶、生物多樣性喪失、抗藥性細菌增長，最後給環境帶來危害。浪費掉的食物的生產過程，可能貢獻了全球溫室氣體排放量的 10% 之多。

富裕國家生產的食品必須減少很多，並且要力行減少很多浪費的食用方式。然而提高糧食產量的口號，卻喊得像往常一樣響亮。這種生產更多食品的口號近來換了一種形式，是用調整過後的豆科植物蛋白質製成假肉，排山倒海的湧入市場。為什麼不嘗試找出聰明的方法，讓食物浪費減少到更能接受的損失程度呢？將食物浪費減半，能讓全世界更理性的利用食物，而且可能會帶來龐大的效益：WRAP 估計，投資一美元防止食物浪費，會帶來十四倍的相關效益。這樣還不夠有說服力嗎？

地中海飲食漸趨式微

在基斯（Ancel Keys）1970年發表他長期研究義大利、希臘及其他五國的營養與健康狀況的第一份結果之後，地中海飲食的好處就變得廣為人知；基斯的研究發現，地中海飲食和低心臟疾病發生率有關。

地中海飲食最重要的特徵是大量攝取碳水化合物（主要是麵包、麵食、米飯），加上豆類（菜豆、豌豆、鷹嘴豆）與堅果、乳製品（主要是起司和優格）、蔬菜水果、海鮮，及稍微經過加工、通常是用橄欖油烹調過的當令食品。

地中海飲食還包括了適量的糖與肉類，最棒的是多多喝酒配餐。雖然現在的營養師並不建議飲酒配餐，不過地中海飲食顯然能降低心血管疾病的風險，讓罹患某些癌症的風險降低10%，且多少預防第二型糖尿病。幾乎可以肯定的是，如果西方國家全都遵照地中海飲食法，肥胖的普遍程度絕對不會像今天這樣。

2013年，聯合國教科文組織（UNESCO）把地中海飲食列入人類非物質文化遺產的名單，申報者有克羅埃西亞、賽普勒斯、希臘、義大利、摩洛哥、葡萄牙、西班牙這幾個國家。

　　然而即使在這些健康的避風港，還是有個日益嚴重的問題：現在只有在某些偏遠的沿海地區或山區，才會奉行真正的地中海飲食。飲食上的轉變一向快速又影響深遠，特別是這塊區域人口最稠密的兩個國家：義大利與西班牙。

　　過去五十年間，義大利人的飲食習慣只有在水果方面變得比較符合地中海飲食，消費量增加了將近五成。但在同時，動物脂肪與肉類的消費量卻增加了兩倍，現在橄欖油的供應量不到所有油脂的一半，而令人難以置信的是，麵食消費量減少，葡萄酒消費量更是大幅下滑，大約減少了75%，義大利人現

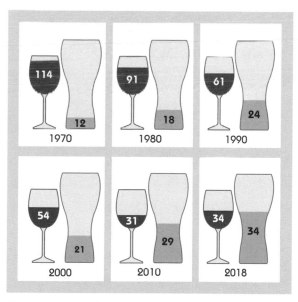

圖57　義大利人的飲酒習慣（公升／人）

在買的啤酒和他們買的紅酒與白酒一樣多。

西班牙人放棄地中海飲食的速度更快，而且放棄得更為徹底。西班牙人依舊喜歡吃海鮮，海鮮消費量仍在增加，但他們已經不再多吃穀類、蔬菜與豆類，現在橄欖油占西班牙所有油脂消費量的不到一半。更不可思議的是，現在西班牙人平均每年只喝大約 20 公升的葡萄酒，不到他們所喝掉的啤酒量的一半。在德國與荷蘭看到的情形也和西班牙差不多！

還有什麼比紅酒敗給啤酒更能象徵飲食法的式微？甚至連大多數記憶中留存著昔日飲食習慣的歐洲人，也沒察覺西班牙現在的人均肉類供應量達到將近 100 公斤，大幅超過德國、法國、丹麥等傳統以肉食為主的國家，1975 年獨裁統治者佛朗哥（Franco）去世時，這個數字才 20 公斤左右。

而且前途堪虞。新的飲食習慣在年輕人當中變成常態，他們購買的生鮮食品又比父母輩更少了。舉例來說，西班牙不缺麥當勞、肯德基、塔可貝爾（Taco Bells）和當肯圈圈餅（Dunkin' Donuts，在當地稱為 Dunkin' Coffee）。遍布全球的多肉、多油、多鹽、多糖速食，不但正在讓我們丟棄古老的烹飪傳統，也在捨棄一項昔勝於今的少數優勢。

這種轉變的理由一直是全球共通的。收入增加，就能夠攝取更多肉類、油脂和糖分。雙薪家庭與單人戶取代了傳統家庭，這些型態的家庭較少在家下廚，較常買現成的餐點。此外，較忙碌的生活方式也會鼓勵人們吃零食和即食食品。難怪西班牙、義大利及法國的肥胖率一直攀升。

黑鮪魚快要滅絕了

在此談談鮪魚，牠近乎完美的流體動力學和很有效率的推進，由體內深處的溫血肌肉提供動力，讓牠成為出眾的游泳好手。體型最大的鮪魚每小時可游 70 公里，相當於 40 節——這對快艇來說算是高速，更是遠比任何一艘潛艦快得多。

不過，鮪魚的體型與鮮美多肉卻即將讓鮪魚中最肥碩的品種滅絕。鮪魚罐頭裡的白肉，來自一種產量相對而言比較充足的長鰭鮪，這種小型鮪魚通常不到 40 公斤（罐裝紅肉鮪魚則來自另外一種產量豐富的小型鮪魚：正鰹）。相較之下，黑鮪魚（日文中稱為本鮪，意指「真鮪魚」）一直是最稀有的鮪魚，成魚可以長到超過 3 公尺，重達 600 公斤以上。

黑鮪魚是日本生魚片和壽司的首選。這些菜餚十九世紀時在江戶（東京的舊稱）流行起來，上等魚肉原本是切油脂較少的內層紅肉（赤身）；後來喜好轉變了，改切腹側中段（略帶油花的中腹）和前段（油脂超級豐富的大腹）。在東京的新年黑鮪競標拍賣，最肥美的黑鮪魚會以天價成交，最近的新高紀錄是在 2019 年創下的：在日本北海岸捕獲的一尾 278 公斤

圖 58　黑鮪魚競標成交價又創新高

黑鮪魚，拍出 310 萬美元的最高價。每公斤超過 11,100 美元呢！

　　日本消費了全世界黑鮪漁獲量的大約八成，遠超出日本自己的許可配額，為了填補缺口，現在日本要麼空運進口新鮮的黑鮪魚，要麼進口去鰓、去內臟的冷凍黑鮪魚。為了滿足日益增加的需求，還有人把捕撈到的野生黑鮪魚放入箱網中，再用沙丁魚、鯖魚和鯡魚去養殖肥育。隨著壽司狂熱把日本人的最愛變成全球的身分象徵食物，需求量更達到了新的高峰。

　　據說現在三種黑鮪魚的全世界漁獲量是一年約 7.5 萬噸，這個數字比二十或四十年前來得少，但幾十年來普遍且不斷發生的非法捕撈與低報卸貨，仍然很常見。一項創新研究依據日本鮪魚捕撈漁船的漁獲日誌（大家認為非常準確），來和日本最大魚市場的鮪魚銷量進行比對，結果顯示兩者間至少有兩倍的差異。

主要捕撈國都拒絕大幅縮減自己的配額，因此唯一能確保長期生存的辦法，就是中止交易極度瀕危的魚類。在 2010 年，世界野生動物基金會（World Wildlife Fund）、聯合國糧農組織與摩納哥侯國，要求禁止黑鮪魚國際貿易，但提案遭否決。再者，即使全面禁止在地中海與東北大西洋捕撈，可能也來不及防止那些黑鮪漁場消失。

此外很不幸的是，要在海洋牧場從魚卵養殖出黑鮪魚，可以說是非常困難的，因為大部分的纖弱仔魚活不過生命期的前三到四週。日本運作最成功的是近畿大學水產試驗所，為精通養殖過程已經努力了大約三十年，但儘管如此，能存活下來長成成魚的還是只有 1%。

漁獲量減少和養殖上面臨的挑戰，已經讓世界各地標示不實的情形大行其道，尤其在美國。你在餐廳吃到的很可能不是菜單上所列的鮪魚，而是其他的魚種；在美國，餐廳和壽司店供應的鮪魚有超過一半是標示不實的！

為什麼雞肉居冠

　　在過去好幾代，牛肉是美國人的主要肉類，其次是豬肉。牛肉的年消費量在 1976 年達到高峰，大約是每人 40 公斤（無骨的重量），幾乎占所有肉類的一半；雞肉僅占兩成。但到了 2010 年，雞肉後來居上，在 2018 年達到所有肉類的 36%，比牛肉高出將近 20 個百分點。如今普通美國人每年吃下 30 公斤的無骨雞肉，所買的絕大部分是剁碎或加工再製的部位，舉凡從無骨雞胸肉到麥克雞塊。

　　之所以會造成轉變，是因為美國人對於飲食法經常感到困擾，在這個問題上，他們擔憂的是紅肉中的膽固醇及飽和脂肪。然而差異並不顯著：100 公克的瘦牛肉所含的飽和脂肪為 1.5 公克，去皮雞胸肉則是 1 公克，而且雞胸肉所含的膽固醇更高。但雞肉消費量增加的主因是比較便宜，這也反映了雞肉的代謝優勢，其他種馴養陸生動物都不像肉雞一樣，能夠這麼有效率的把飼料轉換為肉，畢竟肉雞就是專門為生產雞肉而繁殖飼養的品種。現代育種的進展和飼料轉換效率息息相關。

　　在 1930 年代，肉雞的平均飼料轉換效率比豬好不到哪裡去，每單位活體重需要約 5 單位飼料。到 1980 年代中期，飼料轉換率減半了，而美國農業部最新的飼料換肉率也顯示，以玉米飼料作標準，現在大約只需要 1.7 單位的飼料，就能生產屠宰前一單位活體重的肉雞，相較之下，豬需要將近 5 單位的飼料，牛需要差不多 12 單位。

由於可食重量占活體重的比例因肉品的不同種類而有很大的差異（雞肉約占 60%，豬肉 53%，牛肉只占大約 40%），按照每單位可食重量飼料轉換率的重新計算結果，又更加發人省思了。最近期的轉換率是，肉雞每單位可食重量需要 3 至 4 單位飼料，豬肉需要 9 到 10 單位，牛肉需要 20 到 30 單位。這些數字分別相當於 15%、10% 及 4% 的平均飼料換肉率。

此外，肉雞是為了更快長到成熟及長肉量更多而育種出來的品種。傳統的放牧雞飼養一年，在重量大約只有 1 公斤的時候送屠宰。美國肉雞的平均重量從 1925 年的 1.1 公斤，增加到 2018 年的將近 2.7 公斤，而一般的飼養時間則從 1925 年的 112 天縮短到 2018 年的 47 天。

消費者受惠，雞隻卻在受苦。牠們快速增重的原因是想吃多少就能吃多少，而且又圈養在陰暗狹小的環境裡。由於消費者偏好瘦的雞胸肉，選育胸部極大的結果就是讓雞隻的重心往前移，損害牠的正常動作，讓腳和心臟承受壓力。但雞隻反正也不能自由活動；根據美國養雞協會（National Chicken Council）的資料，一隻肉雞分配到的空間僅僅 560 到 650 平方公分大，只比一張標準的 A4 影印紙大一點。長時間關在昏暗環境中可促進生長，因此肉雞就在類似暮光的光照度下長到成

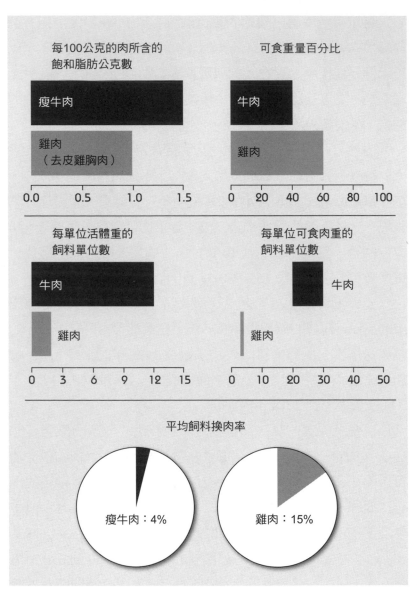

圖 59 牛肉與雞肉的比較

熟，這種條件會擾亂雞隻正常的晝夜節律和行為節奏。

　　一方面，雞的壽命縮短了，從正常壽命長達八年降成活不到七週，身體因關在陰暗狹小空間裡變得畸形；而另一方面，無骨雞胸肉的零售價在 2019 年年底達到每磅約 2.94 美元（每公斤 6.47 美元），相較之下，牛後腿肉是每磅 4.98 美元，特選牛腰脊肉是每磅 8.22 美元。

　　但雞肉居冠的現象還未遍布全球；由於豬肉在中國與歐洲占首位，所以全世界消費量仍領先約 10%，而在大部分的南美國家，牛肉是主要肉類。不過，不出一、二十年，圈養量產的肉雞很有可能就會站上世界首位。考量到這個實際情況，消費者應該會願意為了減輕生產者對肉雞短暫生命造成的壓力，而多付　些錢。

喝葡萄酒與否

　　法國與葡萄酒，多麼具有代表性的關係，而且維持了幾個世紀，恆久不渝！葡萄酒早在古羅馬人征服高盧之前就由希臘人引進法國，中世紀時大幅擴展，最後在本國和國外成為品質的象徵（波爾多、勃艮第、香檳），法國的葡萄栽培學、飲酒習慣與葡萄酒出口，已長久確立為民族認同的重要符徵之一。法國始終大量生產與飲用葡萄酒，產區的農夫和村民喝掉自己的佳釀，大小城鎮有很多種風味和價格可供挑選。

　　法國每年每人平均葡萄酒消費量的定期統計始於 1850年，當時平均消費量高達一年 121 公升，相當於一天幾乎兩杯175 毫升中型酒杯的量。到 1890 年，根瘤蚜蟲害（始於 1863年）讓法國葡萄收成比起 1875 年的最高峰，減少了幾乎七成，法國葡萄園不得不嫁接到可抗病的砧木（主要是美洲種）上來藉此復原。結果，每年的葡萄酒消費量開始波動，但進口量增加防止了總供給量急劇下滑，在 1887 年進口多達國內產出的一半。

　　最後葡萄園復原了，還在 1909 年把消費量帶到第一次世

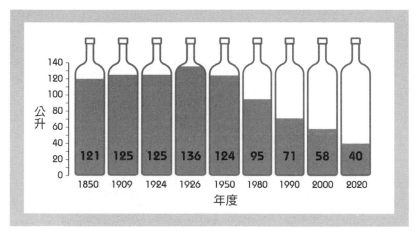

圖 60 法國人均葡萄酒消費量

界大戰前的最高峰：每人平均一年消費 125 公升。1924 年也達到了這個消費水準，而且接下來兩年還超越了，在 1926 年創下每人平均一年消費 136 公升的空前紀錄，到 1950 年，這個數字只稍微下滑了一些，減到約 124 公升。

　　法國戰後的生活水準依然低得出奇：根據 1954 年的普查，只有 25% 的家庭在屋內有廁所，只有 10% 有浴缸、淋浴間或中央暖氣設備。但在 1960 年代，一切迅速改善了，人民愈來愈富裕，也為飲食帶來一些顯著的轉變，例如飲酒量的減少。到 1980 年，每人年均消費量減到一年約 95 公升，到 1990 年又下滑到 71 公升，而到 2000 年，消費量已跌到只有 58 公升，整個二十世紀下來減少了一半。在本世紀，消費量又進一步下滑，最新取得的資料顯示，現在的平均消費量是一年僅僅 40

公升，比 1926 年的最高紀錄減少了 70%。2015 年的葡萄酒消費量調查（2020 年會再做一次），詳細闡述了可解釋這種下滑趨勢的深層性別與世代差異。

四十年前，有一半以上的法國成年人幾乎每天喝葡萄酒，但現在只有 16% 的成年人會經常喝。說得更具體些，男性的占比是 23%，女性是 11%，而 15 至 24 歲的人只有 1%，25 至 34 歲的人占了 5%，65 歲以上的人卻有 38%。就這個性別與世代上的差異來看，顯然不保證將來消費量會增加，而且所有的酒精飲料都有同樣的趨勢：啤酒、烈酒和蘋果酒消費量也逐漸下滑。至於每人平均消費量增加最多的飲料，則包括礦泉水（從 1990 年以來大概增加了一倍）、果汁及碳酸飲料。

當喝葡萄酒從固定的習慣變成偶爾的享受，法國也就把自己很有歷史的葡萄酒消費寶座，拱手讓給了斯洛維尼亞與克羅埃西亞，這兩國都是每人平均一年消費將近 45 公升。不過，雖然就絕對和相對來看，都沒有哪個傳統喝葡萄酒的國家減少得比法國還要多，但義大利已經快要趕上法國，西班牙和希臘的葡萄酒消費量也在減少。

然而，由於法國葡萄酒出口仍然穩固，還在 2018 年創下約 110 億美元的新紀錄，因此有著樂觀的趨勢。法國葡萄酒產品占全球葡萄酒與蒸餾酒交易量的 15%，卻占貿易總值的 30%，便是法國酒值錢的證明。美國一直是法國葡萄酒的最大進口國，過去二十年間的人均葡萄酒消費量成長超過 50%，而近年來中國人變得有錢，需求量占銷售額的百分比也在不斷升高。

法國為世人供應了無數的平價酒及高價列級酒莊出品的酒，但在這個國家，高腳杯互碰的清脆聲響與互祝健康的敬酒用語，已經成為一種即將消失的習慣。

理性吃肉

　　由於長久以來擔心肉類的壞處，舉凡據說有害健康、種植動物飼料需使用太多土地和大量水足跡等等，再加上近似災難預言的警告，說牛隻排放的甲烷是全球氣候變遷的元凶之一，結果讓吃肉（尤其是牛肉）這件事名列現在很不受歡迎的飲食習慣。

　　實際情況根本沒那麼令人激憤。人類是雜食性的物種，肉類一直是平常飲食中很重要的一環；這點很像黑猩猩，和我們血緣最近的雄性靈長類祖先是身手敏捷的狩獵者，會去捕獵猴子、年幼野豬等小型動物。肉類、牛奶和蛋是成長所需的完全蛋白質的絕佳來源；肉類含有重要的維生素，尤其是維生素 B 群，也含有鐵、鋅、鎂等礦物質；肉類還是脂質的豐富來源，脂肪能提供飽足感，因此所有的傳統社會都非常重視。

　　不可避免的，動物的飼料換肉率很低，特別是牛（參見〈為什麼雞肉居冠〉，第 234 頁），富裕國家不斷擴大肉類的生產，已經大到農業的主要任務不再是種植給人吃的糧食作物，而是供動物吃的飼料。在北美洲與歐洲，目前的作物總收成有大約 60% 是要當作飼料，並非直接當作糧食。這當然會對環境造成重大的影響，特別是因為作物需要氮肥和水，但在同時，引述生產牛飼料所需的龐大用水量，又十分容易使人產生誤解。生產每公斤無骨牛肉所需的最少用水量確實很多，大約要 15,000 公升，然而這裡面只有大約半公升最後會吸收在牛肉中，超過 99% 的水都是飼料作物生長所需，這些水最後會經由蒸發和植物的蒸散作用，重新進入大氣層，然後以雨水的形式落下。

至於吃肉對健康的影響，許多大規模的研究都顯示，適量吃肉和任何負面的結果都沒有關聯，但如果你不信任他們的研究方法，可以單純比較一下各國的預期壽命（見下一章）和每人平均肉類消費量。

長壽排行榜上排名第一的是日本人（適量肉類消費者；在 2018 年，每人平均消費差不多 40 公斤屠體重*的肉類），緊迫在後的是瑞士人（習慣吃很多肉的人，人均消費量超過 70 公斤）、西班牙人（全歐洲吃最多肉的，消費量超過 90 公斤）、義大利人（並沒落後多少，消費量超過 80 公斤）和澳洲人（超過 90 公斤，其中約 20 公斤是牛肉）。沒吃肉，命不長。

同時，日本人（事實上是整個東亞人）的飲食習慣顯示，大量吃肉對健康或長壽沒有額外的好處，這也是我為什麼會強力主張理性吃肉，適量攝取那些生產過程能大幅減少環境衝擊的肉類。這種全球選擇的關鍵要素，是調整三大肉類的占

---

* 編注：屠體重（carcass weight）指經放血、去毛、清除內臟後的重量。

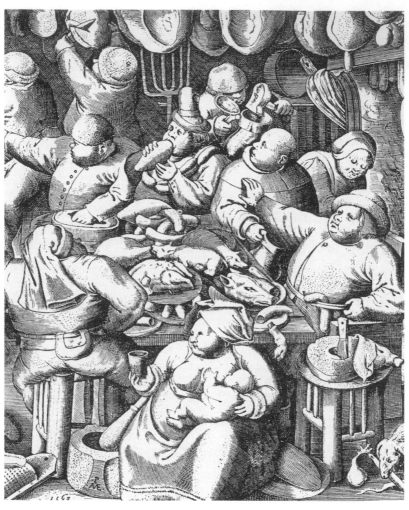

圖 61　《肥胖廚房》（ *The Fat Kitchen* ）：海登（ Pieter van der Heyden ）
模仿布呂格爾風格的版畫作品

比。在 2018 年，豬肉、雞肉、牛肉分別占全球約 3 億噸產量的 40%、37%、23%；把占比改成 40%、50%、10%，拜減少低效率牛肉生產所節省下來的穀類飼料之賜，我們就可以輕輕鬆鬆多生產 30% 的雞肉，多生產 20% 的豬肉，同時讓生產牛肉對環環造成的負擔減少一半以上，而且供應的肉類還多了至少 10%。

新的肉類總產量會接近 3.5 億噸，若拿 2020 年年初居住在地球上的 77.5 億人按比例來計算，每個人會分配到的屠體重約 45 公斤，也就是 25 到 30 公斤的無骨可食用肉類！

這和一般日本人近年的消費量差不多，但也和現在法國（最典型的肉食民族）很人部分人口喜歡吃的量差不多。法國最近有一項研究顯示，將近三成的法國成年人已經變成小量消費者，可食用肉類的攝取量平均每天只有 80 公克，也就是一年約 29 公斤。

從營養方面來看，假設肉類中的蛋白質含量為 25%，每年攝取 25 到 30 公斤的可食用肉類，每天應該會供給將近 20 公克的完全蛋白質，雖然比近期的平均值高出 20%，但這些肉類卻是在環境衝擊大幅降低的過程中生產出來的，而且提供適量吃肉的所有健康與長壽益處。

所以，何不同時遵循最長壽族群及法國新潮派的飲食習慣呢？就像在其他許多事情上，中庸之道可以走得很遠。

日本人的飲食

現代日本的樣貌：理論上很富裕，但居住空間狹小、通勤路途長又擁擠、工時延長到晚上、休假時間短、仍有太多人抽菸，以及順從傳統階級制度社會的巨大壓力。還有始終存在的大地震和國土大片區域的火山噴發風險，及強烈颱風與熱浪的季節性威脅，更不必說和北韓比鄰而居了……。

然而，日本人的出生時預期壽命是所有國家當中最長的。最新的數據（從 2015 至 2020 年，女性／男性歲數）顯示，日本是 87.5 ／ 81.3，西班牙是 86.1 ／ 80.6，法國是 85.4 ／ 79.4，英國是 82.9 ／ 79.4，美國是 81.3 ／ 76.3。更不可思議的是，現在 80 歲的日本女性預期還可再活 12 年，而美國和英國分別是 10 年與 9.6 年。

獨特的遺傳基因可以解釋這件事嗎？非常不可能，因為各島嶼必然有來自鄰近陸地的移民定居，而最近有一項針對日本族群精細基因結構與演化所做的研究證實，血統圖譜的預期組成最主要來自韓國人，也有一部分來自漢人與東南亞人族群。

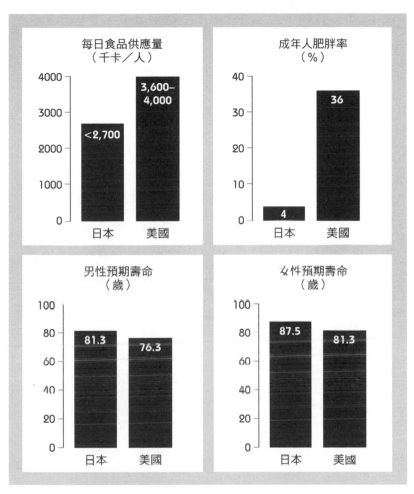

圖 62　日本 vs. 美國

也許是普遍又專注的宗教信仰造成的——是因為心勝於物嗎？不過，比較能描述日本人思維方式的說法可能是靈性，而不是宗教性，況且跟其他人口稠密且繼承了古老文化的國家相比，也沒有跡象顯示，日本的這種傳統信仰更加堅定。

那麼飲食應該是最好的解釋了，但要歸因於哪個部分呢？聚焦在全國最愛的著名食物上，幾乎沒有幫助。醬油與豆腐是亞洲大部分地區，從緬甸到菲律賓都有的，甚至在小部分地區也有以黃豆為原料，但經過發酵製成的納豆食品。綠茶的加工工序較少，儘管顏色深淺不一，但日本的茶樹來自中國，即使從人均來看中國的占比比較少，現在的中國仍是大部分綠茶的生產與消費國。不過食物均衡表（說明零售上可取得並排除食物浪費的食品供應量）卻顯示，日本、法國、美國一般飲食中的巨量營養素組成有重要的差異。來自動物的食物供應了法國所有膳食能量的 35%，在美國是 27%，但在日本只占了20%。

然而跟來自脂肪（無論是植物性還是動物性的脂質）、糖類及其他甜味劑的食物能量相比，這種以大量植物為主的飲食傾向就沒那麼重要。在美國和法國，脂肪提供的能量都是日本的快兩倍（準確的說應該是 1.8 倍），而美國人每天食用的糖類與甜味劑（在美國主要是高果糖玉米糖漿），幾乎是日本人的 2.5 倍，法國人則是大約 1.5 倍。

也許可以做出結論了，在排除可能的營養因素之後，我們認為較少攝取脂肪和糖有可能是長壽的重要共同決定因素。但總是要記住，這些只是大概的統計關聯性，不是因果關係。

不過，脂肪和糖這兩個相對來說較低的攝取量，不僅是目前我認為最重要的解釋因素之一，也是日本真正有別於其他國家的特殊之處：日本的人均食品供應量非常節制。

　　不管是美國、西班牙、法國還是德國，幾乎所有富裕西方國家的食物均衡表，都顯示平均每人每天可獲取 3,400 至 4,000 千卡，而日本現在卻不到 2,700 千卡，大約少了 25%。當然，實際的平均消費量不會達到每天 3,500 千卡的程度（只有辛勤工作、身材高大的男性才可能需要這麼多），但即使在排除掉高到說不過去的食物浪費占比之後，供應量還有這麼多，就會變成飲食過量與肥胖。

　　相比之下，針對實際食物攝取所做的研究都顯示，現在日本人每天平均獲取不到 1,900 千卡，呼應了高齡化日本人口的年齡分布與體能活動。這表示，對於日本居長壽首位的最重要單一解釋或許很單純：在整體食物消費方面很節制。

　　節制飲食的習慣可以用四個漢字「腹八分目」（「飯吃八分飽」之意）來形容，原本是個古老的儒家訓誡，因此也是從中國輸入的。但不像鋪張浪費的中國人，日本人真正在實踐這個道理。

乳製品——反趨勢

　　幾乎所有的新生兒都會製造足夠的乳糖酶，這種酵素是消化乳糖所必需；乳糖是一種由葡萄糖與半乳糖組成的雙醣，存在於母乳之中。只有很少數的嬰兒患有先天性乳醣酶缺乏症，也就是乳糖不耐症，但在嬰兒期之後，消化牛奶的能力會出現差異。在最初以畜牧為生或飼養家畜的社會中，消化乳糖的能力留存了下來；在那些未曾飼養產奶動物的社會中，這種能力就衰退甚至消失。一般來說，喪失這種能力只會讓人在喝少量牛奶之後覺得肚子不舒服，但也有可能引起噁心，甚至嘔吐。

　　這些特徵經由演化產生了複雜的模式，讓能喝奶類的人包圍缺乏乳糖酶的族群（譬如喝馬奶的蒙古人與喝犛牛奶的藏人，分別在不喝奶類的中國人的北邊與西邊），甚至讓兩種社會混雜在一起（撒哈拉以南非洲地區的放牛牧民和火耕農夫或獵人）。

　　考量到這些實際情況，經濟現代化竟然產生出以下這兩個違反直覺的結果，就是很令人驚訝的事了：乳品大本營的人均牛奶消費量持續下滑，而在幾個傳統上不喝牛奶的社會中，牛奶與乳製品的需求量卻從零上升到相當可觀的數字。

二十世紀之初，美國每年人均鮮乳（包括鮮奶油）消費量差不多是 140 公升（其中 80% 是全脂牛乳）；這個數字在 1945 年達到高峰，大約是 150 公升，但隨後需求下降，讓消費量減少了超過 55%，到 2018 年只消費大約 66 公升。所有乳製品需求同時下降的速度已經沒那麼快了，很大程度上是因為透過美國披薩消費的莫札瑞拉起司（mozzarella）仍在緩慢增加中。

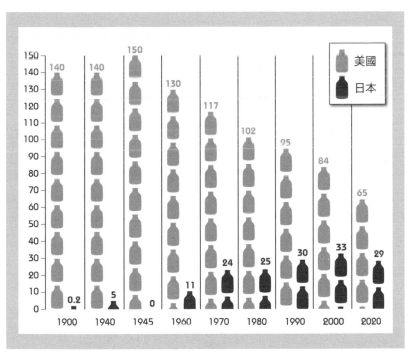

圖 63　美國與日本的人均牛乳消費量（公升／年）

需求下降的關鍵因素，包括肉類與魚（可供應以往來自牛奶的蛋白質和脂肪）的消費量增加，以及幾十年來不斷提示飽和乳脂肪危害的警告。即使那個結論已經遭到反駁，而且最新的研究結果主張，乳脂肪可能還會降低冠狀動脈心臟疾病及中風死亡的發生率，但對這個衰退中的產業來說，這些研究發現來得太遲了。

在歐洲的主要乳品消費者身上，也出現了類似的改變，歐洲人傳統上除了喝很多牛奶，每天還會吃起司。最明顯的是，法國人的每年人均牛奶消費量在 1950 年代達到 100 公升左右，但到 2018 年，這個比率降到了 45 公升。

在不喝奶類的社會中，日本是說明乳品消費增加的最佳例證：每年人均供應量在 1906 年不到 1 公升，但在 1941 年已經增加到 5.4 公升，後面這個總量按比例計算可求出一天是 15 毫升，約為一湯匙。實際上，這代表在 1945 年美軍占領日本的時候，只有少數的大城市居民喝過牛奶，或吃過優格和起司。為了消弭兒童期發育的城鄉差距，日本用全國學校午餐計畫開始推行牛奶，結果人均消費量在 1980 年上升到 25 公升，到 2000 年的時候是每年 33 公升，這時乳品總消費量（包括起司和優格）相當於每年超過 80 公升了！

若考量國土面積，中國人接受乳品的速度必然會更慢，不過平均消費量也從 1950 年代的少到不能再少，提升到 1970 年代（中國開始快速現代化之前）的每年每人平均 3 公升，現在更超過了 30 公升，比南韓還多。南韓也沒有喝牛奶的文化傳統，但現在一樣消費牛奶、起司和優格。

讓中國產生這種轉變的主要推動力量，是飲食的多樣化、乳製品在現代都市社會中的便利性、家庭人口變少，以及城市中的職業婦女占比升高，加上政府加持，把牛奶抬升到健康優質食品的地位。不過這個地位曾因為品質低劣甚至公然摻假而受損：在 2008 年，約有 30 萬個嬰兒與孩童，因喝下摻有三聚氰胺的牛奶而受到影響。添加三聚氰胺這種化工原料的目的是想增加牛奶的含氮量，藉此增加表面上的蛋白質含量。

　　但缺乏乳糖酶的社會，怎麼能忍受乳品消費量上升的轉變呢？因為乳糖不耐症並不普遍，而且並非是絕對的情況，只是相對的。五分之四的日本人每天喝一杯牛奶不會有什麼問題，換算下來就是每年消費超過 70 公升，比最近期的美國人平均消費量還要高！

　　此外，發酵作用會逐步去掉更多的乳糖，所以新鮮起司（如瑞可達起司）保留了牛乳中不到三分之一的乳糖，而硬質起司（如切達起司或帕馬森起司）只有少許乳糖。優格雖然幾乎把原有的乳糖都保留下來，裡面所含的細菌酵素卻能幫助消化。牛奶是理想的嬰兒食品，因此只要適量，無論對誰也都是非常好的食物……除了那些患有明顯乳糖不耐症的人。

環境

破壞與保護我們的世界

動物與人工製品，
哪個比較具多樣性？

　　我們對物種數量的統計依然還不夠完整。從林奈（Carl Linnaeus）建立現代分類系統之後二百五十多年來，我們已經為大約 125 萬個物種進行分類，當中約有四分之三是動物，還有 17% 是植物，其餘則是真菌與微生物。以上是正式公布的統計，仍無法辨識的物種數可能比這多了好幾倍。

　　人工製品的多樣性絕對同樣豐富。雖然我不僅要硬拿不相干的蘋果和橘子相比，還要拿蘋果去比汽車，但這些比較仍能讓我們看到人類做了哪些東西。

　　我會做個和生物分類法類似的分類法，來建構我的人工製品分類系統。包含了所有人為設計的領域，就相當於真核生物域（細胞裡有細胞核的所有生物），而真核生物域又分成真菌界、植物界、動物界三大類。

　　我的設想是，在包含所有人工製品的領域之下，可分出一個由複雜、多組件的設計所組成的「界」，相當於動物界。在這個界之下，又有由電動設計所組成的「門」，相當於脊索動物門，也就是具有背神經管的動物。在這個門之下，是包含了行動設計的一大類別，相當於哺乳綱。在這個「綱」之下是通訊製品目，相當於鯨目，也就是包含鯨、海豚與鼠海豚的類別，而這個「目」又包含了電話科，相當於海豚科。

「科」包含了「屬」，如海豚屬、虎鯨屬、寬吻海豚屬（瓶鼻海豚）。此外，根據行動電話產業觀察網站（GSM Arena）的資料，在 2019 年年初有超過 110 個手機屬（品牌）。有些屬之下只有一個物種，舉例來說，虎鯨屬只包含一個物種，也就是俗稱殺人鯨的虎鯨；有些屬則有豐富多樣的物種。

在手機這個領域，沒有哪個品牌比三星（Samsung）豐富多采，它現在擁有將近 1,200 種產品，其次是樂金（LG），超過 600 種，再來是摩托羅拉和諾基亞，各有差不多 500 種設計。2019 年年初，總共有約 9,500 個不同的行動電話「物種」，這個總數比哺乳類的已知多樣性（物種數少於 5,500）多出許多。

即使我們勉強承認手機只是單一物種的變種（就像孟加拉虎、西伯利亞虎和蘇門答臘虎），還是有很多數據顯示我們的設計有多麼豐富多樣。

世界鋼鐵協會（World Steel Association）列出的鋼材等級約有 3,500 種，比囓齒類動物的已知種數還要多。螺絲是另外一個超大類別：依據螺絲的材質（從鋁到鈦）、類型（從圓頭內六角螺絲到牆用螺絲，從機械牙螺絲到小螺絲）、螺絲頭（從華司面到平頭）、螺絲頭槽型（從一字到六角，從十字到內四角）、螺絲的桿與尾端（從平尾到尖尾），以及螺絲的尺寸（公制與其他單位），把各種組合加總起來，就會算出幾百萬「種」螺絲釘。

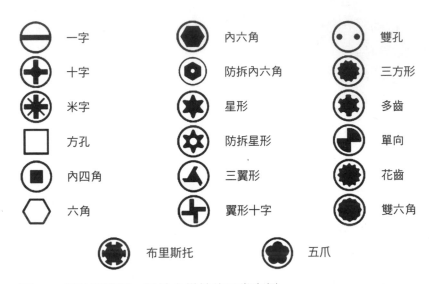

一字	內六角	雙孔
十字	防拆內六角	三方形
米字	星形	多齒
方孔	防拆星形	單向
內四角	三翼形	花齒
六角	翼形十字	雙六角
布里斯托	五爪	

圖 64　螺絲頭槽型：設計多樣性的日常實例

　　換個方法來看，人工製品在質量的差異上也會超越自然界。體型最小的哺乳動物是非洲小香鼠（Etruscan shrew），重量只有 1.3 公克，而體型最大的非洲象，平均大約 5 噸重，這是六個數量級的差異。量產的手機振動馬達重量和非洲小香鼠相當，然而最大型的馬達驅動離心壓縮機，重達約 50 噸，相差了七個數量級。

　　體型最小的鳥類，蜜蜂蜂鳥（bee hummingbird），重量只有大約 2 公克，而體型最大的康多兀鷲（Andean condor），重量可達 15 公斤，相差將近四個數量級。目前的迷你型無人機小到只有 5 公克，相較之下，一架滿載的空中巴士 380 有 570 噸重，相差了八個數量級。

我們的設計在功能方面有個關鍵的優勢：它們幾乎可以靠自己運作與生存，不像人類和其他動物的身體，要仰賴正常運作的微生物體（microbiome）——我們腸道中的細菌細胞數，至少和器官內的細胞數一樣多。生命就是這樣。

母牛的星球

多年來我一直設法想像，從高超智慧外星人派來的全方位高精度探測船上看，地球會是什麼模樣。在統計了所有的生物之後，探測船當然會立刻斷定，大部分的個體要麼是小到要用顯微鏡才看得見（細菌、古菌、原生生物、真菌、藻類），要不就是非常小（昆蟲），它也會推斷出這些生物的集體重量占了這個行星大部分的生物量（biomass）。

這其實不令人意外。這些微小生物的尺寸雖然微不足道，數量卻非常龐大。微生物占據了生物圈所有想得出來的棲位，包括許多極端的環境。細菌大約占了人體細胞的 90%、人體總重量的 3%。外星探測船可能會描繪動物生命的巨觀形態，而結果可能出人意料，這幅圖畫裡的要角只有兩種脊椎動物，依序是牛（家牛）與人類（智人）。

和外星科學家不同的是，我們不會立即取得讀數，即使如此，我們還是可以量化牛的生物量和人的生物量，而且相當準確。大型馴化反芻動物的總數，在所有的高所得國家中是已知的，而在所有的低所得國家甚至畜牧社會中，是可以合理估

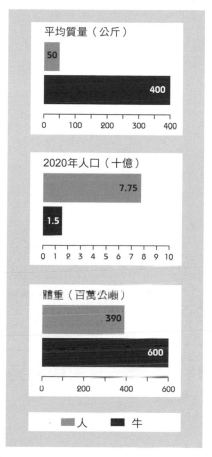

圖 65　2019 年人與牛的全球生物量

計的。聯合國糧農組織估計，在 2020 年全球約有 15 億頭牛。

　　要把這些數字換算成反芻動物的生物量，需要經過年齡與性別分布的調整。體型大的公牛重量超過 1,000 公斤；美國肉牛在養到近 600 公斤時送屠宰，但巴西肉牛還不到 230 公斤就送到市場上了；印度著名的乳牛品種吉爾牛（Gir）達到成熟時，重量不到 350 公斤。要算出理想的近似值，得假設身體質量的性別年齡加權平均是 400 公斤；這表示牛群的總生物量大約是 6 億噸。

　　同樣的，在計算人類的總生物量時，也必須考慮人口的年齡與體重。孩童在低所得國家占的百分比，比在富裕國家高出許多（2020 年，孩童在非洲占了大約 40%，而在歐洲約占 15%），同時，過重與肥胖者的比例有的少到可以忽略不計（如非洲），有的則多達成年人口的七成（美國）。這也是我對不同的大洲採用特定平均值的原因，這些平均值都是來自可查到的人口年齡與性別結構，還有代表性國家的人體測量學研究和生長曲線。經過這種複雜的調整，會產生每人約 50 公斤的加權平均值；假若全球總人口數為 77.5 億，那就表示在 2020 年人類的生物量有將近 3.9 億噸。

　　這也意味著，如今牛的生物量比人類多出 50%，而且這兩個物種加起來的活體重，很接近 10 億噸。即使把體型最大的野生哺乳動物加起來，仍然只占這些質量的一小部分：非洲的 35 萬頭大象平均體重 2,800 公斤，總生物量低於 100 萬噸，只有牛的生物量的 0.2% 不到。

　　到 2050 年，地球上將會有 90 億人，而非常可能會有 20 億頭牛，一起繼續壯大自身的勢力。

大象之死

　　非洲象是世界上最大的陸生哺乳動物，成年公象重量可達 6,000 公斤以上，母象平均是公象的一半重，剛出生的小象大約有 100 公斤重。牠們很合群、聰明、有眾所周知的超強記憶力，而且對死亡這件事有感知，牠們在路過同類的屍骨時會出現令人驚嘆的行為，譬如在現場徘徊，碰觸骸骨等等。儘管牠們的屍骨留在非洲，象牙最後卻常拿去製成鋼琴琴鍵，或是現在有時會看到的象牙小擺飾。

　　古埃及人獵殺大象，迦太基人在和羅馬人作戰時也會利用象，到最後，大象在北非絕跡了，只有在撒哈拉沙漠以南的地方還為數眾多。根據可獲得的最佳估計，在十九世紀初，非洲大陸的最大承載能力（包括體型較小的森林象）是大約 2,700 萬隻動物；實際數量也許接近 2,000 萬。但在今天，數量連 100 萬都不到。

　　針對昔日象牙貿易所做的重現數據，指出到 1860 年左右為止，一直保持每年大約 100 噸的穩定交易量，接著在 1900 年之後就呈五倍的增長。第一次世界大戰期間，交易量驟跌，

隨後短暫回升，接著再次因為戰爭下挫，戰後又重新回升，到
1980 年代後期衝上一年超過 900 噸的高峰。我把這些波動的
產量整合起來，算出十九世紀取走的象牙總計有 5.5 萬噸，而
在二十世紀至少達 4 萬噸。

圖 66　仍有非洲象生活的地方

後面這個重量，代表至少有 1,200 萬頭大象遭屠殺。在 1970 年之前，關於有多少大象倖存下來，找不到什麼很好又有系統的估計數據，而整個非洲的估計則顯示，大象數量在二十世紀結束前的幾十年間持續減少。由已故微軟共同創辦人艾倫（Paul G. Allen）資助的大象普查（Great Elephant Census）計畫，從空中偵測草原象大約 80% 的分布範圍，2016 年完成普查的時候，最後算出的總數是 352,271 頭大象，比 1980 年代中期的最佳估計值少了三成。

其他的消息令人心灰意冷：在 2009 到 2014 年之間，莫三比克境內的大象數量少了一半，剩 1 萬頭，在同樣這五年間，坦尚尼亞境內有超過 8.5 萬頭大象遭殺害，總數從將近 11 萬掉到僅剩 4.3 萬（每年 5% 的出生率造成數量差距）。用新 DNA 方法分析 1996 到 2014 年之間查獲的大型象牙走私案，追查出約有 85% 的盜獵事件發生在東非，尤其是坦尚尼亞東南部的塞盧斯野生動物保護區（Selous Game Reserve）、莫三比克北部的尼亞薩保護區（Niassa Reserve），而坦尚尼亞中部近來也有這類事件。

大部分的指責把矛頭指向中國持續不斷的象牙需求，很多象牙都拿去精心製成庸俗的雕刻品，包括毛澤東小雕像（人類史上最嚴重的饑荒就是毛澤東造成的）。近年國際社會的壓力終於奏效，中國國務院從 2017 年年底起，全面禁止象牙貿易與加工活動，這已經產生了一些正面的影響，但中國觀光客仍然趁著前往鄰近國家旅遊的機會，購買象牙製品。

要是真的停止屠殺了，非洲有些地區也許會面臨新的問題，那就是大象過多。大象過多的問題多年前在南非的部分地方已經清楚浮現出來了。要管理體型龐大、有可能具破壞性、數目又不斷增加的動物，可不是容易的事，尤其是那些生活在農人和牧人附近的大象。

為什麼現在談人類世
可能言之過早

　　許多歷史學家和科學家主張，我們正活在一個以人類控制生物圈為特徵的新地質年代，也就是人類世（Anthropocene）。2019 年 5 月，人類世工作小組（Anthropocene Working Group）正式投票承認這個新的地質年代，而掌管命名大權的國際地層學委員會（International Commission on Stratigraphy）將考慮他們的提案。

　　關於我對此事的反應，套句羅馬人的話：*Festina lente*（慢慢的快速前進）。

　　先說清楚，我們人類處處干擾全球生物地質化學循環，以及人類活動導致生物多樣性喪失，都是毫無疑問的事：大量傾倒廢棄物；大規模的森林濫伐，加速土壤沖蝕；農耕、城市、工業與交通運輸造成的全球汙染。這些人為衝擊加在一起，就產生了空前的影響，而且規模大到很可能危及人類這個物種的未來。

　　然而我們對地球命運的掌控真的這麼全面嗎？有很多相反的證據。那些讓地球有可能出現生命的基本變項，完全不受人類的干擾：諸如為太陽提供能量、而讓地球彌漫於輻射中的熱核反應；地球的形狀、自轉、地軸傾斜、公轉軌道的偏心率（冰河期的「心律調節器」），以及大氣環流。我們也無法希望能夠控制龐大的地球化作用：好比受地球內部熱對流帶動的板塊構造作用，會促使新的海床緩慢卻持續不斷生成；地塊的形成、重塑和抬升，地塊的分布與高度是決定氣候變異度和適居性的重要因素。

　　同樣的，我們只是眼看火山噴發、地震、海嘯這三種最劇烈板塊構造作用結果的旁觀者。我們可以接受自然頻繁溫和的展現這些現象，但世界上最大的幾座城市，特別是東京、洛杉磯和北京，正是靠著沒有遇上超強大地震才能存續。超強火山噴發也有可能縮短現代文明的存在。即使不是從地質，而是從文明的角度去計量時間，我們還是要面對小行星撞擊地球的結果，這樣的威脅不容忽視；我們也許有辦法預測小行星的路徑，卻改變不了。

　　這些事件在任何一年發生的機率都非常小，但因為破壞力極大，帶來的影響超出人類過往的經驗。我們沒有解決的好方法，但也不能假裝這些事件從長遠來看，沒有森林物種消失或燃燒化石燃料那麼關係重大。

　　除此之外，為什麼要急著把我們自己擢升為一個新的地質年代的創造者，而不是稍微等一下，看看智人做的這個實驗可以延續多久？新生代從六千六百萬年前古新世開始，到一萬一千七百年前全新世開始，中間經過的六個世（包括先前的上新世與更新世）都延續至少兩百五十萬年，而我們現在進入全

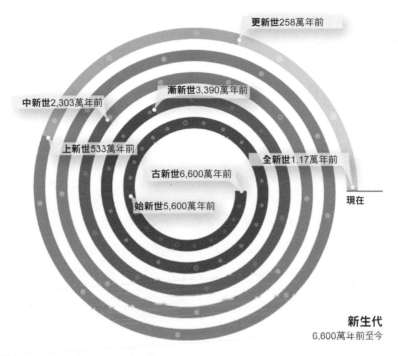

更新世258萬年前

漸新世3,390萬年前

中新世2,303萬年前

上新世533萬年前

全新世1.17萬年前

古新世6,600萬年前

始新世5,600萬年前

現在

新生代
6,600萬年前至今

圖 67 地質年代與人類世

新世還不到一萬兩千年。如果確實有人類世，它的起點也許只能回溯到八千年前（從開始定居的農耕生活起算）或 一百五十年前（從開始燃燒化石燃料起算）。

如果我們設法再生存一萬年，就應該替這個由人類活動塑造的地質年代命名，以示祝賀。一萬年對科幻小說讀者來說微不足道，對現代高能源的文明而言卻是一段很漫長的時間。但在此期間，就讓我們再等一等，先確定我們在地球上留下的不僅僅是地質紀錄中的微層。

混凝土知多少

　　古羅馬人發明了混凝土，是一種由砂、碎石等粒料、水和某種黏結劑攪拌成的混合物，他們稱之為「水泥」（*opus cementitium*）。但這種廣泛使用的建造材料並不含現代水泥（由石灰、黏土、金屬氧化物製成，過程是先在旋轉窯中高溫燒製，再磨成細粉），而是石膏與生石灰的混合物，其中最好用的一種原料，是來自波佐利（Puteoli，在維蘇威火山附近）的火山砂。添加火山砂製成的混凝土就成了卓越的建材，十分適合大型拱頂（建於公元 118 至 126 年的羅馬萬神殿，仍是世界最大的非鋼筋混凝土造圓頂），以及地中海沿岸許多港口的水下結構，包括古城凱撒利亞（Caesarea，位於今天的以色列）。

　　現代水泥的製造始於 1824 年，阿斯普丁（Joseph Aspdin）替自己發明的石灰石與黏土高溫燒製法取得了專利權。把氧化鋁和氧化矽物質轉化成非晶質固體（玻化，用來製玻璃的同一種程序），會產生小粒或小塊玻璃質的熟料，磨碎後就製造出水泥。接著，在水泥中摻水（占最終重量的 10 至 15%）和粒料（砂與礫石，占總重量的 60 至 75%），就製成了混凝土，這種具可塑性的材料在受到壓縮時很堅固，但在拉力作用下很脆弱。

用鋼鐵來加固，就可以增加抗拉強度。在 1860 年代初期，法國率先嘗試這種做法，但這項技術在 1880 年代才開始普及。二十世紀是鋼筋混凝土的年代。1903 年，辛辛那提的英格爾斯大樓（Ingalls Building）成為世界第一棟鋼筋混凝土結構的摩天大樓；1930 年代，結構工程師開始使用與拉緊的鋼絲或鋼條結合的預力混凝土；而從 1950 年起，鋼筋混凝土就已經用在各種高度與功能的建築物上，諸如杜拜哈里發塔是世界第一高樓，而烏榮（Jørn Utzon）設計的船帆造型雪梨歌劇院，大概是這種建材最搶眼的應用了。

鋼筋混凝土也促成了大型水力發電水壩的修築：中國三峽大壩是世界最大的水壩，蓄水量是美國最大的大古力水壩（Grand Coulee）的三倍。混凝土橋也很常見：中國的北盤江特大橋是現在世界上最長的混凝土拱橋，橫跨在兩個省之間 445 公尺長的峽谷上。不過，混凝土通常運用在不起眼的地方，類型包括數不清的鐵軌枕木、道路鋪面、高速公路、停車場、港口、機場跑道和滑行道等。

在 1900 到 1928 年之間，美國水泥消費量增長了十倍，達到 3,000 萬噸，戰後的經濟發展（包括建設州際公路系統，每公里就需要大約 1 萬噸混凝土）又把消費量帶向高峰，到 2005 年時達到 1.28 億噸，最新的數據是每年不到 1 億噸。

中國在 1986 年成為世界最大生產國，在 2018 年水泥產量超過 23 億噸，現在則占全球總產量將近六成。對中國前所

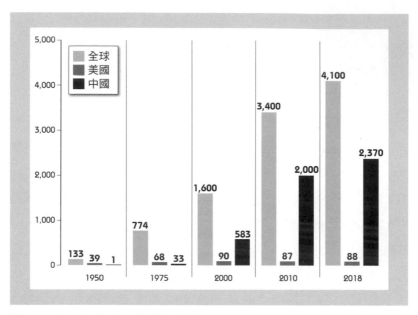

圖 68　水泥產量（百萬噸／年）

未有的建設最令人讚嘆的例證就是，單單過去兩年，中國置放的水泥（大約 47 億噸）就超過了美國在整個二十世紀累積的量（大約 46 億噸）！

　　然而混凝土並不是永遠不會損壞的材料，萬神殿的屹立不搖是罕見的例外。混凝土在各種氣候中都會劣化，而且有種種因素會加速損壞過程，包括酸沉降、振動、結構超載、鹽分導致的腐蝕等等；在溫暖潮溼的環境中，藻類生長會讓暴露在外的表面變黑。結果，1950 年以後的全球混凝土化，製造了上百億噸在將來幾十年不得不汰換、銷毀或直接廢棄的材料。

混凝土材料對環境造成的隱憂還有另外一個。製造水泥產生的空氣汙染（粉塵），可用纖維濾布收集起來，但（燃燒劣質煤、石油焦這類劣等燃料的）水泥工業仍是二氧化碳的一大源頭，大約每生產 1 噸水泥就排放 1 噸二氧化碳。相較之下，每製造 1 噸鋼大約會排放 1.8 噸的二氧化碳。

　　水泥製造業現在大約占全球化石燃料二氧化碳排放量的 5%，但可以藉由各種措施來減少碳足跡。老舊混凝土可以回收，壓碎的建材可以再利用，鼓風爐的爐渣或燃煤電廠收集的飛灰，可以取代拌合混凝土中的部分水泥。雖然還有幾個新的低碳或無碳水泥製程，但這些替代方案每年將只會讓全球現在超過 40 億噸的二氧化碳產出減少一點點。

車子或手機，
哪個對環境比較有害？

　　能源生產的統計資料相當可靠；各大產業針對能源消耗量所做的準確統計數據，就比較難取得；特定商品生產過程中的能源消耗數據，又更加不可靠。投入產品之中的諸多能源，正是我們為所有、所用的一切東西付出的部分環境代價。

　　成品的內含耗能估計，不僅取決於不容置疑的事實（好比汽車用了這麼多鋼，電腦用了這麼多微晶片），還取決為了獲得整體比例而不得不做的簡化與假設。車子是哪個型號？電腦或手機又是哪種款式？選出合理、具有代表性的比例是我們所面臨的挑戰，一旦克服就能對人工世界產生新的看法。

　　我們就把重點放在行動裝置和車子上吧。之所以選擇行動裝置，是因為即時通訊與無邊無際的資訊主要是由它們促成；至於車子，則是因為大家仍想在實體世界中移動。

　　一輛 1.4 噸重的車子（本田 Accord LX 差不多就這麼重）內含的耗能，顯然會比一支 140 克重的智慧型手機（比如三星 Galaxy）多，但能源差距不會像質量上的差異一樣，有一萬倍那麼多。

2020 年，全球手機銷量應該約有 17.5 億支，筆電、平板電腦等可攜式電腦裝置大概有 2.5 億台，這些裝置的重量合計起來差不多有 55 萬噸。保守假設每支手機的平均內含耗能是 2.5 億焦耳，每台筆電是 45 億焦耳，每台平板是 10 億焦耳，每年生產這些裝置就需要約 100 萬兆焦耳的初級能源，差不多等於紐西蘭或匈牙利每年的能源總消耗量。

　　假設每輛汽車的耗能略少於 1,000 億焦耳，在 2020 年銷售的 7,500 萬輛內含耗能大約就有 700 萬焦耳，比義大利每年能源消耗量多一點。這些新車的總重量約為 1 億噸，因此，新車的重量是所有可攜式電子產品的一百八十倍，可是生產所需的能源只有七倍。

　　雖然這看起來可能很出人意料，但我們可以做個更令人吃驚的對照。可攜式電子產品壽命不長，平均只有短短兩年，所以全球每年生產的這些裝置，內含耗能是每使用一年大約消耗 50 萬兆焦耳。小客車的使用年限一般是十年以上，全球年產量的內含耗能大約就是每使用一年耗 70 萬兆焦耳，只比可攜式電子產品高了 40%！

　　我得趕緊補充一點，這些只是很概略的計算結果。不過，即使這些粗略的總數弄錯了，實際情形恰恰相反（也就是汽車製造的內含耗能其實比計算出來的更多，製造電子產品的耗能更少），全球總量仍舊很近似，非常有可能相差不到兩倍。往長遠看，這兩個總數也許會變得更接近：汽車與行動裝置的年銷量近年來都趨緩，不過內燃機汽車的前景看起來比較不好。

　　當然，汽車與手機這兩個高耗能設備類型的運作能源成本

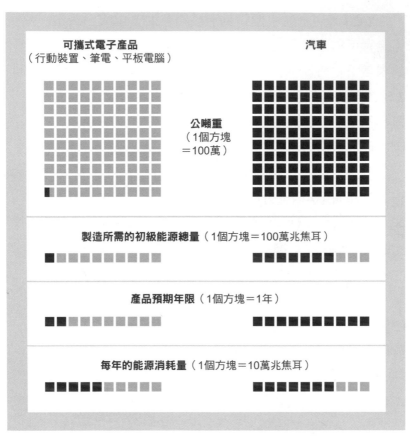

圖 69 可攜式電子產品與汽車的 2020 年產量：初級能源 vs. 重量

相去懸殊。一輛美國小型車在十年的使用期間大約消耗 5,000 億焦耳的汽油，是內含耗能成本的五倍。一支智慧型手機在兩年的使用期間，每年只消耗 4 度電，不到 3,000 萬焦耳，如果用電來源是風電或光電池的話，就只占內含耗能成本的 3%，若能源來自效率較差的燃煤發電，占比大約會提高到 8%。

不過，智慧型手機在沒有網路的情況下就毫無價值了，而網路的供電成本很高，又一直上漲。對於將來的增長率，各項預測並沒有一致的看法，或許也有可能因採用了創新設計而帶來穩定作用，但無論如何，那些小手機在能量收支和在環境中，還是會留下不少的總足跡。

誰的隔熱效能比較好？

　　第一印象往往會產生錯誤的結論。我清楚記得，有一次拜訪某位歐洲大使位於渥太華的宅第，在受到友善的歡迎之後，聽到的下一句話就是這棟房子完全耐得住加拿大的寒冬，因為它是用真正的磚塊和石材建起來的，不像那些牆壁中空、單薄的北美木造玩意兒。接著，東道主迅速轉移話題，而我無論如何都不忍心小看他們這漂亮屋子的隔熱品質。

　　這種錯誤很容易理解，其實材料的質量與密度比較能說明堅固性，而不是隔熱能力。和窄木牆間柱做為框架、外面覆蓋一層薄合板與鋁製外牆板、裡面用脆弱石膏板覆蓋的牆相比，磚牆顯然看起來比較堅固又安全。憤怒的歐洲男性不會朝磚牆打出洞來。

　　數十年前，在石油每桶才 2 美元的時候，北美大部分完工於 1960 年以前的房子能用來禦寒的，通常就只有合板與石膏板之間的空氣隔層，這個隔層有時會填充木屑或碎紙。然而不可思議的是，就連這種軟綿綿的組合都比實心磚更能隔熱。

　　隔熱值又稱為熱阻（thermal resistance），是用 R 值來表示。

R 值不僅取決於隔熱材料的組成、厚度與密度，也會視室外的溫度和溼度而定。1960 年以後的框組壁牆大致有以下幾個 R 值：鋁外牆板 0.6，薄合板 0.5，空氣隔層 0.9，石膏板 0.5。相加起來是 2.5。但標準磚是 0.8，內外兩側都抹上灰泥的 R 值不超過 1.0，因此就連單薄、大批製造的北美空心牆，隔熱效能都比歐洲的灰泥磚牆好上至少一倍。

能源價格一開始上漲，北美就實施了更合理的建築法規，強制要求使用塑膠隔熱材和玻璃纖維氈；玻璃纖維氈是一捲捲很像墊子的隔熱材料，可以填塞在木造框架或牆間柱之間。想輕鬆提高整體 R 值的話，可使用比較寬（2×6；在北美，「2×6」的軟木材實際上是 1.5 英寸×5.5 英寸，相當於 38 毫米×140 毫米）的牆間柱，要不就乾脆採用雙重柱（double-studding）；雙重柱就是把兩個各填充了隔熱材料的框架夾在一起。對一面施作品質很好的北美空心牆來說，這就代表隔熱值提升了，分別是：石膏板 0.5、聚乙烯防潮層 0.8、玻璃纖維氈 20、纖維板蓋板 1.3、塑膠房屋貼膜 5（杜邦的 Tyvek ThermaWrap）及斜包覆層 0.8。再加上內部空氣膜的隔熱值，會讓總 R 值達到 29 左右。

磚牆的隔熱效能也變好了。為了保留色磚的預期外觀，老牆可以從內側改造，譬如在內側灰泥外加木製壓條（把隔熱材料固定住的薄木條），並貼上結合了防潮膜的隔熱石膏板，隔絕溼氣。有了 2 英寸的隔熱石膏板，先前的整體 R 值就會提升兩倍，但即使如此，做了隔熱處理的老牆仍然落後北美 2×6 框組壁牆一個數量級。差距如此之大，即使是大致意識到 R 值的人都料想不到。

不過，牆面所做的一切隔熱處理，要在窗戶不會散熱的情況下才能發揮潛力（見下一章）。

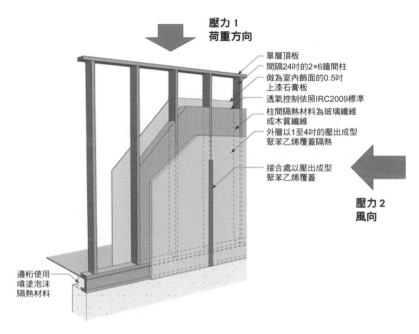

壓力 1
荷重方向

單層頂板
間隔24吋的2×6牆間柱
做為室內飾面的0.5吋
上漆石膏板
透氣控制依照IRC2009標準
柱間隔熱材料為玻璃纖維
或木質纖維
外層以1至4吋的壓出成型
聚苯乙烯覆蓋隔熱

接合處以壓出成型
聚苯乙烯覆蓋

壓力 2
風向

邊桁使用
噴塗泡沫
隔熱材料

圖 70　為牆壁做隔熱處理

三層玻璃窗：
透明的能源解決方案

    利用未經檢驗的技術尋找解決方案，是困擾能源政策的禍根。例子很多，任君挑選：自動駕駛的太陽能電動車、本質安全的迷你核反應器、基因強化光合作用。

    但是為什麼不從已證實的方法開始呢？為什麼不從住宅與商業大樓開始減少能源需求就好？

    在美國和歐盟國家，建築物大約都占了初級能源總消耗量的 40%（交通運輸位居第二，在美國占 28%，在歐盟占 22%）。暖氣和空調占住宅消耗量的一半，這也說明了我們為能量收支所能做的最好的事情，就是靠更好的隔熱材料把熱留住或擋住。

    最值得這麼做的地方是窗戶，因為從窗戶損失的能量最多，也就是說，窗戶有最高的傳熱係數。傳熱係數即穿透每平方公尺材料的瓦數，除以材料兩側的溫度差（以 K 為單位）。單層玻璃的傳熱係數是 5.7 至 6 W/m²·K；由於空氣是不良的導熱體，間隔了 6 毫米的雙層玻璃，傳熱係數是 3.3。上塗層可讓通過的紫外線與紅外線輻射減到最少，會把係數降到 1.8

至 2.2 之間，而在兩層玻璃間的空隙充填氬氣能讓傳熱變慢，可把係數再減到 1.1。若採用三層玻璃，就會減少到介於 0.6 和 0.7 之間，用氪取代氬，傳熱係數就只有 0.5。

這和單層玻璃比起來，熱損失減少了 90% 之多。在節能的世界裡，再也沒有應用規模如此龐大，是以數十億計的機會了。它還有個優點：真的行得通。

此外也有舒適度的因素。在室外溫度零下 18°C（這是加拿大亞伯達省艾德蒙頓的 1 月夜間最低溫，或俄羅斯新西伯利亞的白天最高溫），室內溫度 21°C 的情形下，單層玻璃窗的內表面溫度大約是 1°C，較老舊的雙層玻璃窗會顯示 11°C，而最好的三層玻璃窗是 18°C。若是 18°C，就可以坐在窗邊了。

三層玻璃窗還有個額外的優點，是可以把內層玻璃的溫度提升到高於露點，來減少凝結在玻璃上的水珠。這種窗戶在瑞典與挪威已經很常見，但在天然氣成本低廉的加拿大，也許要到 2030 年以後才會強制採用，就像其他許多天氣寒冷的地區一樣，規定的標準仍然相當於只採用上了低輻射塗層的雙層玻璃窗。

天寒地凍的國家已經花很長的時間學習隔熱的知識，氣候較溫暖的國家就不是如此，既然空調日益普遍，這些地方也需要隔熱的知識，特別是中國和印度的農村地區，仍普遍採用單層玻璃。在高溫天氣下的降溫幅度，當然不像在高緯度地區暖房的溫差那麼大。舉例來說，在我居住的曼尼托巴省，1 月的夜間平均最低溫是零下 25°C，即使晚上把恆溫器調低一點，都還是有 40°C 的溫差。另一方面，在許多炎熱潮溼的地區，

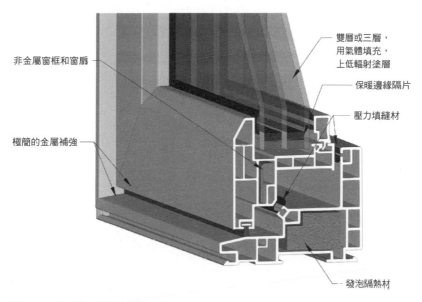

非金屬窗框和窗扇

雙層或三層，
用氣體填充，
上低輻射塗層

保暖邊緣隔片

壓力填縫材

極簡的金屬補強

發泡隔熱材

圖 71 為窗戶做隔熱處理

空調運轉的時間都比加拿大或瑞典的暖氣運轉時間久得多。

物理學是無庸置辯的，但經濟學是最高指導原則。三層玻璃窗的價格雖然只比雙層玻璃貴了 15%，但投資回收期顯然更久，而且大多數人主張，從雙層跨到三層設計的階段並沒有正當的理由。或許是吧，如果舒適度可提升、窗上凝結水珠可減少，還有最重要的，三層玻璃在將來數十年會持續減少能源消耗，這些都不算正當理由的話。

既然如此，為什麼遠見卓識之士想把資金投注在如同天書般的能源轉換技術？這些技術說不定還行不通，即使行得通，也可能會對環境造成不良的副作用。單純隔熱有什麼不對嗎？

提升家用暖氣設備的效率

如果我們的氣候模型是對的，如果必須確實把全球增溫幅度控制在 2°C（控制在 1.5°C 就更好了），以避免全球氣溫升高帶來的嚴重後果，我們就得採取許多前所未有的減碳措施。大家的注意力通常會放在讓效率更高的新技術上，如 LED，或引進全新能源轉換方式的新技術上，如電動車。原則上，節約能源是比較實際的解決之道，但在較寒冷的地區裡，很可惜的除了我們在前一章看到的三層玻璃窗，暖房這件長久以來最耗能源的事情幾乎沒有辦法節能。

一共大約有 12 億人需要暖房：約 4 億人居住在歐盟國家、烏克蘭和俄羅斯；北美也有 4 億人住在美國南部及西南部以外的地方；中國的東北、北部和西部地區有 4 億人。在我們所能看到的絕大部分地方，可採用的最佳技術都已經盡可能做到很有效率了。

高效率系統迅速普及的程度十分驚人。1950 年代，我生活在捷克與德國邊境，家人在很重的鑄鐵暖爐裡燒木材來暖房。這種方法的效率不超過 35%；其餘的熱能都從煙囪散失

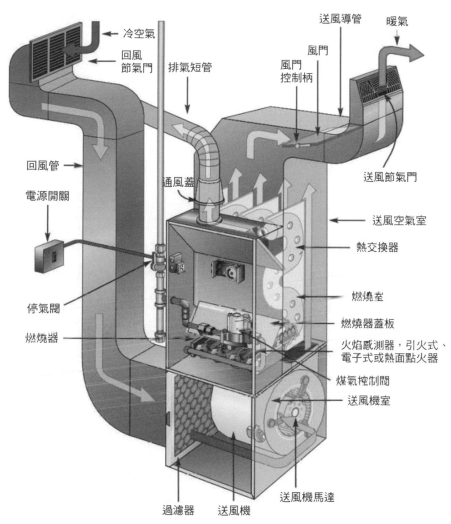

冷空氣

回風
節氣門

排氣短管

送風導管

暖氣

風門

風門
控制柄

回風管

通風蓋

送風節氣門

電源開關

送風空氣室

熱交換器

燃燒室

停氣閥

燃燒器蓋板

燃燒器

火焰感測器，引火式、
電子式或熱面點火器

煤氣控制閥

送風機室

送風機馬達

過濾器   送風機

圖 72   家用天然氣暖爐的內部

了。1960 年代初期我到布拉格求學，當地是靠一種劣質的褐煤來提供能源，我所燒的暖爐效率有 45 至 50%。1960 年代晚期，我和家人住在美國賓州郊區一棟小房子的樓上，這棟房子的老舊煤油暖氣爐效率大約是 55 到 60%。1973 年，我在加拿大的第一棟房子有個效率 65% 的天然氣暖爐。十七年後，我在效率極高的新家裝了一個效率 94% 暖氣爐。最後我又把它換掉，換成額定效率 97% 的型號。

我在燃料與效率方面的一連串進步，也在北半球的幾千萬人身上重現過。由於北美的天然氣價格低廉，歐洲的天然氣有荷蘭、北海、俄羅斯聯合供給，雖然較貴但隨時可用，使得生活在北方氣候的大多數人已漸漸仰賴天然氣這種最乾淨的化石燃料，代替了木材、煤炭和燃油。

在加拿大，78 至 84% 的中等效率暖氣爐在 2009 年停止生產，所有的新房子現在都要求使用至少 90% 的高效率暖氣爐。西方世界的其他國家很快也會這麼做，天然氣進口增加現在已經讓中國的暖氣設備改用天然氣，漸漸不再使用煤炭。

未來效率不得不從其他方面繼續提升。提升房子面朝外部分的隔熱效能（尤其是窗戶的隔熱效能），顯然是第一步（雖然通常很昂貴）。透過熱交換器傳熱的空氣源熱泵（air-source heat pump），已經在許多地方日益普及，而且只要氣溫不降到零度以下就很有效率；在寒帶地區，還需要冬季備用品。太陽能供暖系統也是有可能做到的，但在最需要的地方和時候，譬如在嚴寒氣候、天氣持續寒冷陰沉、暴風雪期間及太陽能模組覆蓋在大雪底下的時候，就無法順利運轉。

控制全球暖化的長期需求，最後會引發什麼難以想像的事情嗎？我指的是：限制房屋的大小。這是經濟上最明智的選擇，會對暖房減輕碳排放重擔做出最大、最持久的貢獻。在北美，我們可以拆掉大量興建、有著大樓板空間的偽豪宅（McMansion）。把熱帶地區的類似大房子拆掉，應該會節省目前耗費在空調上的能源。誰願意做這件事？

遇到麻煩的碳

1896 年，瑞典科學家阿瑞尼斯（Svante Arrhenius）首次量化了人為二氧化碳排放對全球氣溫的影響，他計算出，若把當時大氣中的二氧化碳濃度增加一倍，會讓中緯度地區的平均溫度上升 5 至 6°C。這和執行了超過 20 萬行程式碼的電腦模型算出的最新結果相去不遠。

聯合國在 1992 年首次開放簽署《氣候變遷綱要公約》，隨後還有一連串的會議與氣候協定，然而全球二氧化碳排放量仍不斷增加。

十九世紀初，英國是唯一的煤炭主要生產國，產生自化石燃料燃燒的全球碳排放量非常少，每年不到 1,000 萬噸（若要表示成二氧化碳，就再乘以 3.66）。到該世紀結束前，碳排放量已超過 5 億噸，而到 1950 年，更突破了 15 億噸。歐洲、北美、蘇聯與日本在戰後的經濟擴張期，連同中國在 1980 年以後的經濟崛起，讓此後的碳排放量增加了三倍多，在 2000 年達到約 70 億噸。從 1800 到 2000 年的兩個世紀間，碳從化石燃料轉移到大氣中的量增加了六百五十倍，但人口只有增加六倍！

在新世紀中，情況發生了重大的分歧。到 2017 年，歐盟因為經濟成長趨緩及人口高齡化，排放量已減少約 15%；美國也減少了這麼多，主要是因為替代煤炭的天然氣使用量有所增加。不過，這些進展都被中國的碳排放量給抵消了。中國的碳排放量從大約 10 億噸增加到 30 億噸，足以讓全球總排放量增加近 45%，達到 101 億噸。

人類燃燒久遠以前變成化石的大量碳庫存，而讓二氧化碳濃度升高到三百萬年來未曾見過的程度。往覆蓋南極大陸和格陵蘭的冰層深處鑽探，我們可以取回含有微小氣泡的細長冰

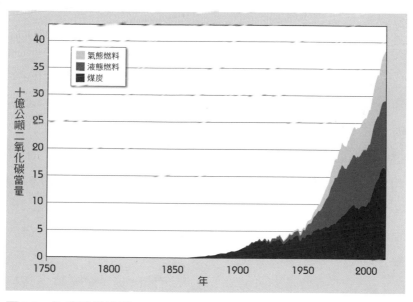

圖 73　全球碳排放量

柱，鑽得愈深，冰芯的年代就愈來愈古老。採集那些封在微小氣泡裡的空氣樣本，就能重建出大約八十萬年前的二氧化碳濃度歷史。那個時候，大氣中的二氧化碳濃度在 180 至 280 ppm（也就是 0.018 至 0.028%，ppm 是百萬分之一的縮寫）之間浮動。

過去一千年間，大氣中的二氧化碳濃度相當穩定，一直介於 1600 年代初期的 275 ppm 到十九世紀結束前的大約 285 ppm 之間。從 1958 年開始，科學家在夏威夷茂納羅亞火山（Mauna Loa）上的大氣觀測站持續監測，以下是測得的幾個二氧化碳濃度值：1959 年的平均值是 316 ppm，2015 年的平均值達到 400 ppm，2019 年 5 月首次記錄到 415 ppm。

富裕國家的碳排放量將會繼續下降，而中國碳排放量的增加速度已開始減緩，但在印度與非洲，碳排放正快速增加，因此我們不太可能在短期內看到全球排放量大幅減少。

2015 年通過的巴黎協定，許多人譽為是第一個載明國家對於減少未來排放具體承諾的協議，但實際上，只有少數幾個國家做出具體的承諾，又沒有具約束力的施行機制，即使所有這些目標到 2030 年都實現了，碳排放量仍會比 2017 年高出近 50%。根據政府間氣候變遷專門委員會（Intergovernmental Panel on Climate Change）在 2018 年做的研究，讓全球平均氣溫上升不超過 1.5°C 的唯一方法，差不多是即刻就要大幅減少碳排放量，以便在 2050 年前達到零排放。

這並不是做不到，只是非常不可能做到。要實現這個目標，會需要用人類史上前所未有的規模與速度，進行全球經濟的根本轉型，而這項任務免不了會帶來重大的經濟和社會動亂。最大的挑戰是，該如何在不倚賴化石碳的情況下，讓數十億人脫離貧困。

富裕的世界已經利用上千億噸碳創造出高品質的生活，但目前沒有任何負擔得起的非碳替代品，可以讓我們迅速大量利用，提供能源來大量生產氨、鋼鐵、水泥、塑膠這四樣我所謂的現代文明四大支柱，而亞洲和非洲在未來幾十年內將需要它們。

對全球暖化表示憂心，持續排放數量創紀錄的二氧化碳，以及我們短期內改變現況的能力，這三者之間的對比再鮮明不過了。

附錄

後記

　　數字也許不會說謊，但傳達了哪個真相？我在這本書裡試圖說明，我們經常必須看得更深更廣。就連相當可靠，甚至準確無誤的數字，也必須放在更廣的脈絡下看。若想從絕對數值做出有依據的判斷，需要一些相對、經過比較的觀點。

　　根據微小差距做出的僵化排名，會誤導而不是說明事實。取概數與近似值，勝過不適當且非必要的精確性。懷疑、謹慎與不斷提問是理所當然的，但也要堅持去量化現代世界的複雜現實。如果我們想弄清楚許多難以控制的實際情況、如果想根據最好的可用資訊做出決定，那麼除了繼續從事這樣的研究，別無他法。

致謝

　　由於多年來一直在出版跨領域的書籍，所以我認為有機會定期針對具新聞價值的話題作評論，澄清普遍的誤解，解釋現代世界中一些吸引人的事實，也許會是個有趣的挑戰。我也認為做到的可能性很小，畢竟為了讓這件事值得一做，出版社的提案就必須符合幾個恰到好處的評判標準。

　　稿件之間的時間間隔不應太短（每週一篇應該會很煩人），也不該太過斷斷續續。字數限制不宜太長，但又要長到可以多切幾個段落。為了能夠進行有根據的調查，難度不宜太過專業，也不能過於淺顯。主題的選擇上，不能毫無限制（我無意書寫鮮少人知的事情或極度專業的主題），但一定要內容廣泛。還有忍受數字的能力：不可以太多，但又要多到具說服力。最後一點對我格外重要，因為過去幾十年來我注意到，需要一點清楚量化理解的重大議題討論，變得愈來愈質性，因而逐漸和複雜的實際情況脫鉤。

　　不太可能的事發生了。2014 年，有人找我替美國電機電子工程師學會（IEEE，總部位於紐約）發行的月刊《IEEE 綜覽》

（*IEEE Spectrum*，以下稱《綜覽》）寫文章。《綜覽》的資深主編羅斯（Philip Ross）提名了我，總編輯哈斯勒（Susan Hassler）馬上就同意了。《綜覽》是全球最大的工程與應用科學專業機構的旗艦雜誌（和網站），內部成員一直站在現代世界轉型的第一線，見證世界靠著持續不斷、負擔得起又可靠的供電，靠著採用數量愈來愈多的新興電子產品和電腦化解決方案，而徹底改變。

我在 2014 年 10 月寫給羅斯的電子郵件中，大概擬出了我打算在第一年寫的主題，涵蓋的內容從過重的汽車到三層玻璃窗，從摩爾的詛咒到人類世。從 2015 年 1 月開始，我原先安排的文章最後幾乎每一篇都寫了，也刊印了，專欄的第一篇文章正是談愈來愈重的汽車。《綜覽》此後一直是我發表文章的理想園地。會員超過 40 萬的電機電子工程師學會，提供了受過高等教育又挑剔的廣大讀者群，我獲得充分的選題自主權，而羅斯是優異的主編，尤其是他努力不懈的事實查證工作。

專欄文章開始累積之後，我想也許可以結集成有趣的文集，但同樣的，我看不到什麼結集成冊的機會。結果，在 2019 年 10 月下旬，也就是我向羅斯提出第一年文章陣容幾乎整整五年後，意外收到了倫敦維京出版社（Viking，現屬企鵝蘭登書屋出版集團）克魯（Daniel Crewe）的一封電子郵件，他想知道我是否考慮過把專欄文章變成一本書。

接著一切進展得非常快。克魯向哈斯勒徵得同意，我們為文集選出六十篇已刊過的文章（只剔除了幾篇非常專門的專欄文章），然後我補寫了十多篇新文章，完成七大篇主題（特別是關於糧食與人的主題）。布朗（Connor Brown）負責第一次重要的編校，然後我們挑選了合適的圖表和照片。

感謝羅斯和哈斯勒以及《綜覽》的讀者給了我支持和機會，讓我寫下能引起我的好奇心的任何事物，也要感謝克魯和布朗，給這些量化的沉思賦予第二次生命。

大部分的圖表來自私人收藏，其他則來自：

第 103 頁：奇蹟般的 1880 年代 © Erik Vrielink；第 112 頁，世界上最大的變壓器：西門子為中國研發製造的變壓器 © Siemens；第 152 頁，風力發電機的高度與葉片直徑比較圖 © Chao (Chris) Qin；第 155 頁，摩洛哥的瓦札札特努爾太陽能電廠鳥瞰圖，這座電廠的裝置容量達 510 百萬瓦，是世界最大的集中式太陽能與光伏發電裝置 © Fadel Senna via Getty；第 166 頁，亞拉伯克蘭號的模型 © Kongsberg；第 232 頁，黑鮪魚競標成交價又創新高 © Reuters, Kim Kyung-Hoon；第 264 頁，仍有非洲象生活的地方 © Vulcan Inc.；第 268 頁，地質年代與人類世 © Erik Vrielink。

我們已盡一切努力來追溯版權，如有任何資訊可釐清書中未列來源資料的版權所有人，出版社都歡迎指教，並將盡力於再刷時更正。

延伸閱讀

人──世界居民

生育減少了會發生什麼情況？

Bulatao, R.A. and J.B. Casterline, eds. *Global Fertility Transition*. New York: Population Council, 2001.

United Nations. *World Population Prospects*. New York: United Nations, 2019. https://population.un.org/wpp/.

需要生活品質的最佳指標嗎？試試嬰兒死亡率

Bideau, A., B. Desjardins, and H.P. Brignoli, eds. *Infant and Child Mortality in the Past*. Oxford: Clarendon Press, 1992.

Galley, C., et al., eds. *Infant Mortality: A Continuing Social Problem*. London: Routledge, 2017.

最佳投資報酬：疫苗接種

Gates, Bill and Melinda. "Warren Buffett's Best Investment." *Gates Notes* (blog), February 14, 2017. https://www.gatesnotes.com/2017-Annual-Letter?WT.mc_id=02_14_2017_02_AL2017GFO_GF-GFO_&WT.tsrc=GFGFO.

Ozawa, S., et al. "Modeling the economic burden of adult vaccine-preventable diseases in the United States." *Health Affairs* 35, no. 11 (2016): 2124–32.

疾病全球大流行期間的疫情為何難以預測

NHCPRC (National Health Commission of the People's Republic of China). "March 29: Daily briefing on novel coronavirus cases in China." March 29, 2020. http://en.nhc.gov.cn/2020-03/29/c_78447. htm.

Wong, J.Y., et al. "Case fatality risk of influenza A (H1N1pdm09): A systematic review." *Epidemiology* 24, no. 6 (2013). https://doi. org/10.1097/EDE.0b013e3182a67448.

愈長愈高

Floud, R. et al. *The Changing Body.* Cambridge: Cambridge University Press, 2011.

Koletzko, B., et al., eds. *Nutrition and Growth: Yearbook 2018.* Basel: Karger, 2018.

平均壽命最後會到頂嗎？

Riley, J.C. *Rising Life Expectancy: A Global History.* Cambridge: Cambridge University Press, 2001.

Robert, L., et al. "Rapid increase in human life expectancy: Will it soon be limited by the aging of elastin?" *Biogerontology* 9, no. 2 (April 2008): 119–33.

流汗如何提升狩獵表現

Jablonski, N.G. "The naked truth." *Scientific American Special Editions* 22, 1s (December 2012). https://doi.org/10.1038/ scientificamericanhuman1112-22.

Taylor, N.A.S., and C.A. Machado-Moreira. "Regional variations in transepidermal water loss, eccrine sweat gland density, sweat secretion rates and electrolyte composition in resting and exercising humans." *Extreme Physiology and Medicine* 2, no. 4 (2013). https:// doi.org/10.1186/2046-7648-2-4.

修築大金字塔需要多少人？

Lehner, M. *The Complete Pyramids: Solving the Ancient Mysteries*. London: Thames and Hudson, 1997.

Mendelssohn, K. *The Riddle of the Pyramids*. London: Thames and Hudson, 1974.

為什麼失業數字反映不了全貌

Knight, K.G. *Unemployment: An Economic Analysis*. London: Routledge, 2018.

Summers, L.H., ed. *Understanding Unemployment*. Cambridge, MA: MIT Press, 1990.

讓人快樂的因素是什麼？

Heliwell, J.F., R. Layard, and J.D. Sachs, eds. *World Happiness Report 2019*. New York: Sustainable Development Solutions Network, 2019. https://s3.amazonaws.com/happinessreport/2019/WHR19.pdf.

Layard, R. *Happiness: Lessons from a New Science*. London: Penguin Books, 2005.

巨型都市興起

Canton, J. "The extreme future of megacities." *Significance* 8, no. 2 (June 2011): 53–6. https://doi.org/10.1111/j.1740-9713.2011.00485.x.

Munich Re. *Megacities—Megarisks: Trends and challenges for insurance and risk management*. Munich: Münchener Rückversicherungs-Gesellschaft, 2004. http://www.preventionweb.net/files/646_10363.pdf.

國——全球化時代裡的國家

第一次世界大戰的延長災難

Bishop, C., ed. *The Illustrated Encyclopedia of Weapons of World War I*. New York: Sterling Publishing, 2014.

Stoltzenberg, D. *Fritz Haber: Chemist, Nobel Laureate, German, Jew.* Philadelphia, PA: Chemical Heritage Foundation, 2004.

美國真的很獨特嗎?

Gilligan, T.W., ed. *American Exceptionalism in a New Era: Rebuilding the Foundation of Freedom and Prosperity.* Stanford, CA: Hoover Institution Press, 2018.

Hodgson, G. *The Myth of American Exceptionalism.* New Haven, CT: Yale University Press, 2009.

為什麼歐洲應該洋洋自得

Bootle, R. *The Trouble with Europe: Why the EU Isn't Working, How It Can Be Reformed, What Could Take Its Place.* Boston, MA: Nicholas Brealey, 2016.

Leonard, D., and M. Leonard, eds. *The Pro-European Reader.* London: Palgrave/Foreign Policy Centre, 2002.

英國脫歐:最重要的現實問題不會改變

Clarke, H.D., M. Goodwin, and P. Whiteley. *Brexit: Why Britain Voted to Leave the European Union.* Cambridge: Cambridge University Press, 2017.

Merritt, G. *Slippery Slope: Brexit and Europe's Troubled Future.* Oxford: Oxford University Press, 2017.

對日本未來的憂慮

Cannon, M.E., M. Kudlyak, and M. Reed. "Aging and the economy: The Japanese experience." *Regional Economist* (October 2015). https://www.stlouisfed.org/publications/regional-economist/october-2015/aging-and-the-economythe-japanese-experience.

Glosserman, B. *Peak Japan: The End of Great Ambitions.* Washington, DC: Georgetown University Press, 2019.

中國能發展到什麼地步？

Dotsey, M., W. Li, and F. Yang. "Demographic aging, industrial policy, and Chinese economic growth." Federal Reserve Bank of Philadelphia. *Working Papers* (2019): 19–21. https://doi.org/10.21799/frbp.wp.2019.21.

Paulson Jr., H.M. *Dealing with China: An Insider Unmasks the New Economic Superpower*. New York: Twelve, 2016.

印度 vs. 中國

Drèze, J., and A. Sen. *An Uncertain Glory: India and Its Contradictions*. Princeton, NJ: Princeton University Press, 2015.

NITI Aayog. *Strategy for New India @ 75*. November 2018. https://niti.gov.in/writereaddata/files/Strategy_for_New_India.pdf.

為什麼製造業仍然很重要

Haraguchi, N., C.F.C. Cheng, and E. Smeets. "The importance of manufacturing in economic development: Has this changed?" Inclusive and Sustainable Development Working Paper Series WP1, 2016. https://www.unido.org/sites/default/files/2017-02/the_importance_of_manufacturing_in_economic_development_0.pdf.

Smil, V. *Made in the USA: The Rise and Retreat of American Manufacturing*. Cambridge, MA: MIT Press, 2013.

俄羅斯與美國：有些事永遠不會改變

Divine, R.A. *The Sputnik Challenge: Eisenhower's Response to the Soviet Satellite*. Oxford: Oxford University Press, 2003.

Zarya. "Sputniks into Orbit." http://www.zarya.info/Diaries/Sputnik/Sputnik1.php.

衰亡的帝國：太陽底下沒有新鮮事

Arbesman, S. "The life-spans of empires." *Historical Methods* 44, no. 3 (2011): 127–9. https://doi.org/10.1080/01615440.2011.577733.

Smil, V. *Growth: From Microorganisms to Megacities*. Cambridge, MA: MIT Press, 2019.

機器、設計、裝置──打造出現代世界的發明

1880 年代如何創造出我們的現代世界

Smil, V. *Creating the Twentieth Century: Technical Innovations of 1867– 1914 and Their Lasting Impact*. Oxford: Oxford University Press, 2005.

Timmons, T. *Science and Technology in Nineteenth-Century America*. Westport, CT: Greenwood Press, 2005.

電動馬達如何驅動現代文明

Cheney, M. *Tesla: Man Out of Time*. New York: Dorset Press, 1981.

Hughes, A. *Electric Motors and Drives: Fundamentals, Types and Applications*. Oxford: Elsevier, 2005.

變壓器── 默默工作、受到埋沒的被動元件

Coltman, J.W. "The transformer." *Scientific American* 258, no. 1 (January 1988): 86–95.

Harlow, J.H., ed. *Electric Power Transformer Engineering*. Boca Raton, FL: CRC Press, 2012.

為什麼現在還不要放棄柴油

Mollenhauer, K., and H. Tschöke, eds. *Handbook of Diesel Engines*. Berlin: Springer, 2010.

Smil, V. *Prime Movers of Globalization: The History and Impact of Diesel Engines and Gas Turbines*. Cambridge, MA: MIT Press, 2010.

動態攝影──從駿馬到電子

Eadweard Muybridge Online Archive. "Galleries." http://www.muybridge. org/.

Muybridge, E. *Descriptive Zoopraxography, or the Science of Animal Locomotion Made Popular*. Philadelphia, PA: University of Pennsylvania, 1893. https://archives.upenn.edu/digitized-resources/docs-pubs/muybridge/descriptive-zoopraxography.

從留聲機到串流
Marco, G.A., ed. *Encyclopedia of Recorded Sound in the United States*. New York: Garland Publishing, 1993.

Morris, E. *Edison*. New York: Random House, 2019.

發明積體電路
Berlin, L. *The Man Behind the Microchip: Robert Noyce and the Invention of Silicon Valley*. Oxford: Oxford University Press, 2006.

Lécuyer, C., and D.C. Brook. *Makers of the Microchip: A Documentary History of Fairchild Semiconductor*. Cambridge, MA: MIT Press, 2010.

摩爾的詛咒：為什麼技術進步比你想的還花時間
Mody, C.C.M. *The Long Arm of Moore's Law: Microelectronics and American Science*. Cambridge, MA: MIT Press, 2016.

Smil, V. *Growth: From Microorganisms to Megacities*. Cambridge, MA: MIT Press, 2019.

資料量增加：太多太快
Hilbert, M., and P. López. "The world's technological capacity to store, communicate, and compute information." *Science* 332, no. 6025 (April 2011): 60–65. https://doi.org/0.116/science.1200976.

Reinsel, D., J. Gantz, and J. Rydning. *Data Age 2025: The Digitization of the World: From Edge to Core*. Seagate, 2017. https://www.seagate.com/files/www-content/our-story/trends/files/Seagate-WP-DataAge2025-March-2017.pdf.

在創新這件事上要務實一點

Schiffer, M.B. *Spectacular Failures: Game-Changing Technologies that Failed.* Clinton Corners, NY: Eliot Werner Publications, 2019.

Smil, V. *Transforming the Twentieth Century.* Oxford: Oxford University Press, 2006.

燃料與電——為我們的社會供給能源

為什麼燃氣渦輪機是最佳選擇

American Society of Mechanical Engineers. *The World's First Industrial Gas Turbine Set—GT Neuchâtel: A Historical Mechanical Engineering Landmark.* Alstom, 1988. https://www.asme.org/wwwasmeorg/media/resourcefiles/aboutasme/who%20we%20are/engineering%20history/landmarks/135-neuchatel-gas-turbine.pdf.

Smil, V. *Natural Gas: Fuel for the Twenty-First Century.* Chichester, West Sussex: John Wiley, 2015.

核電——未兌現的承諾

International Atomic Energy Agency. *Nuclear Power Reactors in the World.* Reference Data Series No. 2. Vienna: IAEA, 2019. https://www-pub.iaea.org/MTCD/Publications/PDF/RDS-2-39_web.pdf.

Smil, V. *Energy and Civilization: A History.* Cambridge, MA: MIT Press, 2017.

為什麼風力發電需要化石燃料

Ginley, D.S., and D. Cahen, eds. *Fundamentals of Materials for Energy and Environmental Sustainability.* Cambridge: Cambridge University Press, 2012.

Mishnaevsky Jr., L., et al. "Materials for wind turbine blades: An overview." *Materials* 10 (2017). https://www.ncbi.nlm.nih.gov/pmc/articles/PMC5706232/pdf/materials-10-01285.pdf.

風力發電機可以做到多大？

Beurskens, J. "Achieving the 20 MW Wind Turbine." *Renewable Energy World* 1, no. 3 (2019). https://www.renewableenergyworld.com/articles/print/special-supplement-windtechnology/volume-1/issue-3/wind-power/achieving-the20-mw-wind-turbine.html.

General Electric. "Haliade-X 12 MW offshore wind turbine platform." Accessed December 2019. https://www.ge.com/renewableenergy/wind-energy/offshore-wind/haliade-xoffshore-turbine.

太陽光電緩慢增長

NASA. "Vanguard 1." Accessed December 2019. https://nssdc.gsfc.nasa.gov/nmc/spacecraft/display.action?id=1958-002B.

US Department of Energy. "The History of Solar." Accessed December 2019. https://www1.eere.energy.gov/solar/pdfs/solar_timeline.pdf.

為什麼陽光仍是最好的

Arecchi, A.V., T. Messadi, and R.J. Koshel. *Field Guide to Illumination*. SPIE, 2007. https://doi.org/10.1117/3.764682.

Pattison, P.M., M. Hansen, and J.Y. Tsao. "LED lighting efficacy: Status and directions." *Comptes Rendus* 19, no. 3 (2017). https://www.osti.gov/pages/servlets/purl/1421610.

為什麼需要更大的電池

Korthauer, R., ed. *Lithium-Ion Batteries: Basics and Applications*. Berlin: Springer, 2018.

Wu, F., B. Yang, and J. Ye, eds. *Grid-Scale Energy Storage Systems and Applications*. London: Academic Press, 2019.

為什麼電動貨櫃船是艱辛的航程

Kongsberg Maritime. "Autonomous Ship Project, Key Facts about *Yara Birkeland*." Accessed December 2019. https://www.kongsberg.com/maritime/support/themes/autonomous-ship-project-key-facts-aboutyara-birkeland/.

Smil, V. *Prime Movers of Globalization: The History and Impact of Diesel Engines and Gas Turbines*. Cambridge, MA: MIT Press, 2010.

<h2 style="text-align:center">實際的發電成本</h2>

Eurostat. "Electricity price statistics." Data extracted November 2019. https://ec.europa.eu/eurostat/statisticsexplained/pdfscache/45239.pdf.

Vogt, L.J. *Electricity Pricing: Engineering Principles and Methodologies*. Boca Raton, FL: CRC Press, 2009.

<h2 style="text-align:center">能源過渡時期步調必然緩慢</h2>

International Energy Agency. *World Energy Outlook 2019*. Paris: IEA, 2019. https://www.iea.org/reports/world-energyoutlook-2019.

Smil, V. *Energy Transitions: Global and National Perspectives*. Santa Barbara, CA: Praeger, 2017.

運輸──我們如何行遍天下

<h2 style="text-align:center">縮短橫渡大西洋的旅程</h2>

Griffiths, D. *Brunel's Great Western*. New York: HarperCollins, 1996.

Newall, P. *Ocean Liners: An Illustrated History*. Barnsley, South Yorkshire: Seaforth Publishing, 2018.

<h2 style="text-align:center">引擎比腳踏車更古老！</h2>

Bijker, W.E. *Of Bicycles, Bakelites and Bulbs: Toward a Theory of Sociotechnical Change*. Cambridge, MA: MIT Press, 1995.

Wilson, D.G. *Bicycling Science*. Cambridge, MA: MIT Press, 2004.

<h2 style="text-align:center">充氣輪胎的驚奇故事</h2>

Automotive Hall of Fame. "John Dunlop." Accessed December 2019.

https://www.automotivehalloffame.org/honoree/john-dunlop/.

Dunlop, J.B. *The History of the Pneumatic Tyre*. Dublin: A. Thom & Co., 1925.

汽車時代從什麼時候開始？

Casey, R.H. *The Model T: A Centennial History*. Baltimore, MD: Johns Hopkins University Press, 2008.

Ford Motor Company. "Our History—Company Timeline." Accessed December 2019. https://corporate.ford.com/history.html.

現代車輛的重量運載量比很嚇人

Lotus Engineering. *Vehicle Mass Reduction Opportunities*. October 2010. https://www.epa.gov/sites/production/files/2015-01/documents/10052010mstrs_peterson.pdf.

US Environmental Protection Agency. *The 2018 EPA Automotive Trends Report: Greenhouse Gas Emissions, Fuel Economy, and Technology since 1975*. Executive summary, 2019. https://nepis.epa.gov/Exe/ZyPDF.cgi?Dockey=P100W3WO.pdf.

為什麼電動車（還）沒有我們想的那麼美好

Deloitte. *New Market. New Entrants. New Challenges: Battery Electric Vehicles*. 2019. https://www2.deloitte.com/content/dam/Deloitte/uk/Documents/manufacturing/deloitte-ukbattery-electric-vehicles.pdf.

Qiao, Q., et al. "Comparative study on life cycle CO_2 emissions from the production of electric and conventional cars in China." *Energy Procedia* 105 (2017): 3584–95.

噴射機時代從什麼時候開始？

Smil, V. *Prime Movers of Globalization: The History and Impact of Diesel Engines and Gas Turbines*. Cambridge, MA: MIT Press, 2009.

Yenne, B. *The Story of the Boeing Company*. London: Zenith Press, 2010.

為什麼煤油影響廣泛

CSA B836. *Storage, Handling, and Dispensing of Aviation Fuels at Aerodromes*. Toronto: CSA Group, 2014.

Vertz, L., and S. Sayal. "Jet fuel demand flies high, but some clouds on the horizon." *Insight* 57 (January 2018). https://cdn.ihs.com/www/pdf/Long-Term-Jet-Fuel-Outlook-2018.pdf.

搭飛機有多安全？

Boeing. *Statistical Summary of Commercial Jet Airplane Accidents: Worldwide Operations 1959–2017*. Seattle, WA: Boeing Commercial Airplanes, 2017. https://www.boeing.com/resources/boeingdotcom/company/about_bca/pdf/statsum.pdf.

International Civil Aviation Organization. *State of Global Aviation Safety*. Montreal: ICAO, 2019. https://www.icao.int/safety/Documents/ICAO_SR_2019_29082019.pdf.

飛機、火車和汽車，哪個最節能？

Davis, S.C., S.W. Diegel, and R.G. Boundy. *Transportation Energy Data Book*. Oak Ridge, TN: Oak Ridge National Laboratory, 2019. https://info.ornl.gov/sites/publications/files/Pub31202.pdf.

Sperling, D., and N. Lutsey. "Energy efficiency in passenger transportation." *Bridge* 39, no. 2 (Summer 2009): 22–30.

糧食——讓我們自己充滿活力

沒有合成氨的世界

Smil, V. *Enriching the Earth: Fritz Haber, Carl Bosch, and the Transformation of World Food Production*. Cambridge, MA: MIT Press, 2000.

Stoltzenberg, D. *Fritz Haber: Chemist, Nobel Laureate, German, Jew*. Philadelphia, PA: Chemical Heritage Foundation, 2004.

大幅增加的小麥產量

Calderini, D.F., and G.A. Slafer. "Changes in yield and yield stability in wheat during the 20th century." *Field Crops Research* 57, no. 3 (1998): 335–47.

Smil, V. *Growth: From Microorganisms to Megacities*. Cambridge, MA: MIT Press, 2019.

不可原諒的全球糧食浪費量

Gustavsson, J., et al. *Global Food Losses and Food Waste*. Rome: Food and Agriculture Organization of the United Nations, 2011.

WRAP. *The Food Waste Reduction Roadmap—Progress Report 2019*. September 2019. http://wrap.org.uk/sites/files/wrap/Food-Waste-Reduction_Roadmap_Progress-Report-2019.pdf.

地中海飲食漸趨式微

Tanaka, T., et al. "Adherence to a Mediterranean diet protects from cognitive decline in the invecchiare in Chianti study of aging. *Nutrients* 10, no. 12 (2007). https://doi.org/10.3390/nu10122007.

Wright, C.A. *A Mediterranean Feast: The Story of the Birth of the Celebrated Cuisines of the Mediterranean, from the Merchants of Venice to the Barbary Corsairs*. New York: William Morrow, 1999.

黑鮪魚快要滅絕了

MacKenzie, B.R., H. Mosegaard, and A.A. Rosenberg. "Impending collapse of bluefin tuna in the northeast Atlantic and Mediterranean." *Conservation Letters* 2 (2009): 25–34.

Polacheck, T., and C. Davies. *Considerations of Implications of Large Unreported Catches of Southern Bluefin Tuna for Assessments of Tropical Tunas, and the Need for Independent Verification of Catch and Effort Statistics*. CSIRO Marine and Atmospheric Research Paper No. 23, March 2008. http://www.iotc.org/files/proceedings/2008/wptt/IOTC-2008-WPTT-INF01.pdf.

為什麼雞肉居冠

National Chicken Council. "U.S. Broiler Performance." Updated March 2019. https://www.nationalchickencouncil.org/about-the-industry/statistics/u-s-broiler-performance/.

Smil, V. *Should We Eat Meat?: Evolution and Consequences of Modern Carnivory*. Chichester, West Sussex: Wiley-Blackwell, 2013.

喝葡萄酒與否

Aurand, J.-M. *State of the Vitiviniculture World Market*. International Organization of Vine and Wine, 2018. http://www.oiv.int/public/medias/6370/state-of-the-worldvitiviniculture-oiv-2018-ppt.pdf.

Lejeune, D. *Boire et Manger en France, de 1870 au Début des Années 1990*. Paris: Lycée Louis le Grand, 2013.

理性吃肉

Pereira, P., et al. "Meat nutritional composition and nutritive role in the human diet." *Meat Science* 93, no. 3 (March 2013): 589–92. https://doi.org/10.1016/j.meatsci.2012.09.018.

Smil, V. *Should We Eat Meat?: Evolution and Consequences of Modern Carnivory*. Chichester, West Sussex: Wiley-Blackwell, 2013.

日本人的飲食

Cwiertka, K.J. *Modern Japanese Cuisine: Food, Power and National Identity*. London: Reaktion Books, 2006.

Smil, V., and K. Kobayshi. *Japan's Dietary Transition and Its Impacts*. Cambridge, MA: MIT Press, 2012.

乳製品——反趨勢

American Farm Bureau Federation. "Trends in beverage milk consumption." Market Intel, December 19, 2017. https://www.fb.org/market-intel/trends-in-beverage-milk-consumption.

Watson, R.R., R.J. Collier, and V.R. Preedy, eds. *Nutrients in Dairy and*

Their Implications for Health and Disease. London: Academic Press, 2017.

環境——破壞與保護我們的世界

動物與人工製品,哪個比較具多樣性?

GSMArena. "All mobile phone brands." Accessed December 2019. https://www.gsmarena.com/makers.php3.

Mora, C., et al. "How many species are there on Earth and in the ocean?" *PLoS Biology* 9, no. 8 (2011): e1001127. https://doi.org/10.1371/journal.pbio.1001127.

母牛的星球

Beef Cattle Research Council. "Environmental Footprint of Beef Production." Updated October 23, 2019. https://www.beefresearch.ca/research-topic.cfm/environmental-6.

Smil, V. *Harvesting the Biosphere: What We Have Taken from Nature*. Cambridge, MA: MIT Press, 2013.

大象之死

Paul G. Allen Project. *The Great Elephant Census Report 2016*. Vulcan Inc., 2016. http://www.greatelephantcensus.com/final-report.

Pinnock, D., and C. Bell. *The Last Elephants*. London: Penguin Random House, 2019.

為什麼現在談人類世可能言之過早

Davies, J. *The Birth of the Anthropocene*. Berkeley, CA: University of California Press, 2016.

Subcommission on Quaternary Stratigraphy, "Working Group on the 'Anthropocene.'" May 21, 2019. http://quaternary.stratigraphy.org/working-groups/anthropocene/.

混凝土知多少

Courland, R. *Concrete Planet: The Strange and Fascinating Story of the World's Most Common Man-Made Material*. Amherst, NY: Prometheus Books, 2011.

Smil, V. *Making the Modern World: Materials and Dematerialization*. Chichester, West Sussex: John Wiley and Sons, 2014.

車子或手機，哪個對環境比較有害？

Anders, S.G., and O. Andersen. "Life cycle assessments of consumer electronics—are they consistent?" *International Journal of Life Cycle Assessment* 15 (July 2010): 827–36.

Qiao, Q., et al. "Comparative study on life cycle CO_2 emissions from the production of electric and conventional cars in China." *Energy Procedia* 105 (2017): 3584–95.

誰的隔熱效能比較好？

Natural Resources Canada. *Keeping the Heat In*. Ottawa: Energy Publications, 2012. https://www.nrcan.gc.ca/energyefficiency/energy-efficiency-homes/how-can-i-make-myhome-more-ener/keeping-heat/15768.

US Department of Energy. "Insulation materials." Accessed December 2019. https://www.energy.gov/energysaver/weatherize/insulation/insulation-materials.

三層玻璃窗：透明的能源解決方案

Carmody, J., et al. *Residential Windows: A Guide to New Technology and Energy Performance*. New York: W.W. Norton and Co., 2007.

US Department of Energy. *Selecting Windows for Energy Efficiency*. Merrifield, VA: Office of Energy Efficiency, 2018. https://nascsp.org/wp-content/uploads/2018/02/us-doe_selecting-windows-for-energy-efficiency.pdf.

提升家用暖氣設備的效率

Energy Solutions Center. "Natural gas furnaces." December 2008. https://naturalgasefficiency.org/for-residentialcustomers/heat-gas_furnace/.

Lechner, N. *Heating, Cooling, Lighting*. Hoboken, NJ: John Wiley and Sons, 2014.

遇到麻煩的碳

Jackson, R.B., et al. *Global Energy Growth Is Outpacing Decarbonization*. A special report for the United Nations Climate Action Summit, September 2019. Canberra: Global Carbon Project, 2019. https://www.globalcarbonproject.org/global/pdf/GCP_2019_Global%20energy%20growth%20outpace%20decarbonization_UN%20Climate%20 Summit_HR.pdf.

Smil, V. *Energy Transitions: Global and National Perspectives*. Santa Barbara, CA: Praeger, 2017.

原文篇名與刊載時間

最佳投資報酬：疫苗接種
Vaccination: The Best Return on Investment (2017)

平均壽命最後會到頂嗎？
Is Life Expectancy Finally Topping Out? (2019)

流汗如何提升狩獵表現
The Energy Balance of Running (2016)

修築大金字塔需要多少人？
Building the Great Pyramid (2020)

為什麼失業數字反映不了全貌
Unemployment: Pick a Number (2017)

第一次世界大戰的延長災難
November 1918: The First World War Ends (2018)

美國真的很獨特嗎？
American Exceptionalism (2015)

為什麼歐洲應該洋洋自得
January 1958: European Economic Community (2018)

對日本未來的憂慮
'New Japan' at 70 (2015)

中國能發展到什麼地步？
China as the New No. 1? Not Quite (2016)

印度 vs. 中國
India as No. 1 (2017)

為什麼製造業仍然很重要
Manufacturing Powers (2016)

俄羅斯與美國：有些事永遠不會改變
Sputnik at 60 (2017)

1880 年代如何創造出我們的現代世界
The Miraculous 1880s (2015)

電動馬達如何驅動現代文明
May 1888: Tesla Files His Patents for the Electric Motor (2018)

變壓器——默默工作、受到埋沒的被動元件
Transformers, the Unsung Technology (2017)

為什麼現在還不要放棄柴油
The Diesel Engine at 120 (2017)

動態攝影——從駿馬到電子
June 1878: Muybridge's Galloping Horse (2019)

從留聲機到串流
February 1878: The First Phonograph (2018)

發明積體電路
July 1958: Kilby Conceives the Integrated Circuit (2018)

摩爾的詛咒：為什麼技術進步比你想的還花時間
Moore's Curse (2015)

資料量增加：太多太快
Data World: Racing Toward Yotta (2019)

在創新這件事上要務實一點
When Innovation Fails (2015)

為什麼燃氣渦輪機是最佳選擇
Superefficient Gas Turbines (2019)

核電——未兌現的承諾
Nuclear Electricity: A Successful Failure (2016)

為什麼風力發電需要化石燃料
What I See When I See a Wind Turbine (2016)

風力發電機可以做到多大？
Wind Turbines: How Big? (2019)

太陽光電緩慢增長
March 1958: The First PVs in Orbit (2018)

為什麼陽光仍是最好的
Luminous Efficacy (2019)

為什麼需要更大的電池
Grid Electricity Storage: Size Matters (2016)

為什麼電動貨櫃船是艱辛的航程
Electric Container Ships Are a Hard Sail (2019)

實際的發電成本
Electricity Prices: A Changing Bargain (2020)

縮短橫渡大西洋的旅程
April 1838: Crossing the Atlantic (2018)

引擎比腳踏車更古老！
Slow Cycling (2017)

充氣輪胎的驚奇故事
December 1888: Dunlop Patents Inflatable Tire (2018)

汽車時代從什麼時候開始？
August 1908: The First Ford Model T Completed in Detroit (2018)

現代車輛的重量運載量比很嚇人
Cars Weigh Too Much (2014)

為什麼電動車（還）沒有我們想的那麼美好
Electric Vehicles: Not So Fast (2017)

噴射機時代從什麼時候開始？
October 1958: First Boeing 707 to Paris (2018)

為什麼煤油影響廣泛
Flying Without Kerosene (2016)

飛機、火車和汽車，哪個最節能？
Energy Intensity of Passenger Travel (2019)

不可原諒的全球糧食浪費量
Food Waste (2016)

地中海飲食漸趨式微
Addio to the Mediterranean Diet (2016)

黑鮪魚快要滅絕了
Bluefin Tuna: Fast, but Maybe Not Fast Enough (2017)

為什麼雞肉居冠
Why Chicken Rules (2020)

喝葡萄酒與否
(Not) Drinking Wine (2020)

動物與人工製品，哪個比較具多樣性？
Animals vs. Artifacts: Which are more diverse? (2019)

母牛的星球
Planet of the Cows (2017)

大象之死
The Deaths of Elephants (2015)

為什麼現在談人類世可能言之過早
It's Too Soon to Call This the Anthropocene Era (2015)

混凝土知多少
Concrete Facts (2020)

車子或手機，哪個對環境比較有害？
Embodied Energy: Mobile Devices and Cars (2016)

誰的隔熱效能比較好？
Bricks and Batts (2019)

三層玻璃窗：透明的能源解決方案
The Visionary Energy Solution: Triple Windows (2015)

提升家用暖氣設備的效率
Heating Houses: Running Out of Combustion Efficiency (2016)

遇到麻煩的碳
The Carbon Century (2019)

科學天地 180A

數字裡的真相
71 個最透澈的世界觀察

Numbers Don't Lie: 71 Things You Need to Know About the World

原　　著 —— 史密爾（Vaclav Smil）
譯　　者 —— 畢馨云
科學叢書策劃群 —— 林和（總策劃）、牟中原、李國偉、周成功

總 編 輯 —— 吳佩穎
編輯顧問 —— 林榮崧
責任編輯 —— 吳育燐
美術設計暨封面設計 —— 蕭伊寂

國家圖書館出版品預行編目 (CIP) 資料

數字裡的真相：71 個最透澈的世界觀察 / 史密
爾 (Vaclav Smil) 著；畢馨云譯 . -- 第一版 . --
臺北市 : 遠見天下文化出版股份有限公司，
2021.08
　面；　公分 . -- (科學天地；180)
譯自：Numbers don't lie : 71 things you need
to know about the world
ISBN 978-986-525-257-1(平裝)

1. 文明史 2. 世界史

713.9　　　　　　　　　　110012048

出 版 者 —— 遠見天下文化出版股份有限公司
創 辦 人 —— 高希均、王力行
遠見・天下文化 事業群榮譽董事長 —— 高希均
遠見・天下文化 事業群董事長 —— 王力行
天下文化社長 —— 林天來
國際事務開發部兼版權中心總監 —— 潘欣
法律顧問 —— 理律法律事務所陳長文律師　著作權顧問 —— 魏啟翔律師
社　　址 —— 台北市 104 松江路 93 巷 1 號 2 樓
讀者服務專線 —— 02-2662-0012　　　　傳真 —— 02-2662-0007；02-2662-0009
電子信箱 —— cwpc@cwgv.com.tw
直接郵撥帳號 —— 1326703-6 號　遠見天下文化出版股份有限公司

電腦排版 —— 黃秋玲
製 版 廠 —— 東豪印刷事業有限公司
印 刷 廠 —— 柏皓彩色印刷股份有限公司
裝 訂 廠 —— 台興印刷裝訂股份有限公司
登 記 證 —— 局版台業字第 2517 號
總 經 銷 —— 大和書報圖書股份有限公司　電話 —— 02-8990-2588
出版日期 —— 2021 年 8 月 30 日第一版第 1 次印行
　　　　　　2023 年 11 月 24 日第二版第 1 次印行

定價 —— NT450 元
書號 —— BWS180A
ISBN —— 4713510944134（英文版 ISBN：9780241454411）

天下文化官網 —— bookzone.cwgv.com.tw